A Vida Feliz

A Tranquilidade da Alma

Sêneca

A Vida Feliz

A Tranquilidade da Alma

Tradução
Luiz Feracine

Lafonte

Brasil – 2020

Título original: *De vita beata e De tranquuillitate animi*

Isbn: 978-85-8186-454-9

Direção Editorial *Ethel Santaella*
Tradução *Luis Feracine*
Textos de capa *Dida Bessana*
Revisão *Rita Del Monaco*
Diagramação *Demetrios Cardozo*
Imagem de Capa *Ernst Ludwig Kirchner - Colourful Dance*

Dados Internacionais de Catalogação na Publicação (CIP)
(Câmara Brasileira do Livro, SP, Brasil)

Sêneca
A vida feliz e A tranquilidade da alma / Sêneca ; tradução Luiz Feracine. -- 1. ed. -- São Paulo : Lafonte, 2020.

Título original: De vita beata De tranquuillitate animi
ISBN 978-85-8186-454-9

1. Conduta de vida 2. Ética - Obras anteriores a 1800 3. Filosofia antiga 4. Sêneca, Lucius Annaeus, ca. a.C.-65 d.C. I. Título. II. Título: A tranquilidade da alma

20-33059 CDD-188

Índices para catálogo sistemático:

1. Estoicismo : Filosofia 188
2. Filosofia estóica 188

Maria Alice Ferreira - Bibliotecária - CRB-8/7964

Editora Lafonte
Av. Profª Ida Kolb, 551, Casa Verde, CEP 02518-000,
São Paulo-SP, Brasil - Tel.: (+55) 11 3855-2100,
Atendimento ao leitor (+55) 11 3855- 2216 / 11 – 3855 - 2213 – *atendimento@editoralafonte.com.br*
Venda de livros avulsos (+55) 11 3855- 2216 – *vendas@editoralafonte.com.br*
Venda de livros no atacado (+55) 11 3855-2275 – *atacado@escala.com.br*

Índice

Apresentação

Este volume reúne dois textos seminais na obra de Sêneca. O primeiro aborda um desejo universal, *uma vida feliz* (*vita beata,* no original em latim), que só pode ser alcançada, segundo o autor, pela retidão, pela razão e pela harmonia com o universo. Mas ele adverte: quando "se trata de ver com nitidez o que torna feliz a vida, então os olhos ficam ofuscados", pois "quanto mais alguém [...] está em seu encalço, posto que tenha errado na escolha do caminho, mais se distancia porque é levado à meta oposta, porquanto a pressa só aumenta a distância que as separa".

Para tratar do tema, Sêneca dividiu este ensaio em duas partes. Na primeira parte (§1 a §16) conceitua virtude, vício e vida digna, a fim de esclarecer a relação entre virtude e prazer, pois a vida humana depende do valor que aponta para o bem. Quanto à vida feliz, o adjetivo *feliz*, equivalente ao termo grego *eudaimonia* (e diferentemente da concepção contemporânea) é mais bem compreendida como uma vida digna de ser vivida e um estado de plenitude do ser. Na segunda parte (§17 a §28), aborda a relação dos ensinamentos filosóficos com a vida pessoal e a função que os bens materiais têm como recursos úteis na conquista da virtude, deixando claro que, na pobreza ou na riqueza, a dignidade do ser humano depende do seu grau de virtude moral. E a chave para a vida virtuosa estaria em libertar-se da paixão e observar a austeridade e o autodomínio.

Outro aspecto essencial para Sêneca é agir conforme a própria natureza, o que só ocorrerá se "a mente for sã e estiver na posse integral de suas faculdades; se for verdadeiramente forte; decididamente paciente; adaptável às circunstâncias do tempo; atenta ao corpo e a tudo que o tange, mas sem ansiedade; amante das vantagens que aprimoram a qualidade da vida [...]".

Além disso, Sêneca defende treze "mandamentos", ou preceitos saudáveis, entre os quais: "[...] 2. Quem menos sente a necessidade do amanhã, mais, alegremente, prepara-se para o amanhã. [...] 4. As virtudes se encontram, por sua natureza, contíguas à vida feliz. A vida feliz é irrealizável sem elas. [...] 7. Lei que não favorece o bem da convivência é injusta. 8. Viva desconhecido. 9. A serenidade espiritual é o fruto máximo da justiça. 10. O justo é sempre sereno; o injusto é sempre perturbado. [...] 12. De todas as coisas que a sabedoria proporciona para a felicidade, a maior é a aquisição da amizade."

Já o segundo texto, *A tranquilidade da alma*, parte de um hipotético diálogo entre Sereno, um amigo de Sêneca, e seu mestre. Instigado pelas indecisões e inquietações do discípulo, Sêneca procura amenizá-las com o remédio para os males da alma: a filosofia – arte da ação humana e ensinamento que conduz os homens ao exercício da virtude. Praticar a virtude, assegura ele, é manter o domínio de si, a consciência do dever, a fidelidade ao *lógos*, entendido este último como a sabedoria que ordena tudo para o bem do homem. Alcançar a tranquilidade requer que se viva sem valorizar em demasia a vida e sem alimentar angústias pelo dia seguinte, uma vez que, pelas leis da natureza, o ser humano caminha para a morte assim que nasce. Por isso, conclui o filósofo, diante da vida o mais valioso é sua *qualidade*, não sua duração.

Para a conquista da tranquilidade (*euthimia*), Sêneca recomenda uma vida parcimoniosa e frugal. No capítulo IX, "Critério para o uso Moderado dos Favores dos Bens Materiais e Riqueza", sugere: "Aprendamos a nos apoiar em nossos próprios pés e pernas; a não sujeitar o comer e vestir-se às exigências da moda, mas sejamos ajustados às usanças de nossos antepassados. Aprendamos a cultivar a continência; a coibir a luxúria; a temperar a sofreguidão da glória; a mitigar a ira, a olhar, com simpatia, a pobreza; a praticar a frugalidade, embora dela muitos se envergonhem. Aspiremos a satisfazer os desejos naturais com recursos de pouco custo. Aprendamos a eliminar as expectativas licenciosas e a tensão pelo futuro. Vamos agir de modo que peçamos riqueza a nós mesmos e não à fortuna. [...] Mesmo os gastos com os estudos, embora sejam, por certo, os mais bem pagos, só serão razoáveis desde que moderados. [...] Melhor seria dedicar-se a uns poucos autores do que vagar, a esmo, entre muitos".

Em tais recomendações, entre outras, muitas exemplificadas com relatos de casos exemplares, tanto de condutas marcadas pelas virtudes quanto pelos vícios, pode-se identificar o cerne do pensamento senequiano: devemos primeiro conhecer a natureza humana e aprofundar a consciência desta condição, enfrentando positivamente nossas inseguranças e fraquezas, para em seguida promover o aprimoramento moral e a elevação do espírito.

Este volume se destaca ainda pela qualidade das traduções e dos textos complementares de Luiz Feracini, sacerdote católico do clero secular, jornalista, ex-professor da Universidade Estadual Paulista Júlio de Mesquita Neto (Unesp), da Universidade Federal do Mato Grosso do Sul (UFMS) e da Universidade para o Desenvolvimento do Estado e da Região do Pantanal (Uniderp), mestre e doutor em Direito Canônico e Direito Civil por universidades italianas, além de especialista em sociologia, entre outros títulos.

Dida Bessana
Graduada em história, jornalismo e produção editorial, com especialização na Alemanha, pós-graduada em jornalismo cultural na PUC-SP e mestre em Comunicação pela Faculdade Cásper Líbero.

A Vida Feliz

Introdução

1. Ao folhear este opúsculo denominado por Sêneca *De Vita Beata*, isto é, *Sobre a Vida Feliz*, salta à vista que o texto, escrito no primeiro século de nossa era, deixa transparecer um propósito, nitidamente, conflitivo e polêmico. Isso já assinala a distinção que o separa de outros livros do mesmo pensador ibérico-romano, todos eles exarados em clima de serena reflexão com perspectiva de fomentar princípios da filosofia ético-moral da qual Sêneca era adepto e promotor.

2. Enquanto, na primeira parte, o autor se detém na análise criteriosa de conceitos atinentes aos temas que embasam o estoicismo –, como virtude, prevaricação, liberdade, razão, bem, honestidade, sumo bem e felicidade –, na segunda parte, vem à tona o empenho defensivo de quem, ao rechaçar imputações melindrosas de improbidade, envida todo seu talento oratório para polir seu nome e sua fama junto ao público dos admiradores.

Alguém de projeção social, com intento maldoso de desmerecer, propala, aos quatro ventos, que Sêneca prega uma doutrina distante de sua vida, porquanto apregoa desapego aos bens materiais da riqueza, mas vive chafurdado no pélago flácido de mordomias faraônicas.

3. Segundo os críticos modernos, a atitude combativa de Sêneca, além de pôr a salvo a postura de seu comportamento participativo na faustosa bonança dos agraciados pela fortuna, privilegia ainda outro aspecto de acentuada retórica que torna o texto atraente enquanto modelo de oratória forense.

A fim de apresentar, com clareza, a imagem do filósofo correligionário da corrente do pensamento estoico em moralidade, Sêneca, agasalhando-a com inabalável convicção, configura-se qual alvo de todas as acusações direcionadas contra aquele acervo primoroso de ideias que, a seu ver, estruturam, com solidez, uma visão ampla, coerente, sólida e realizante da existência humana.

4. O leitor depara, nos capítulos introdutórios da primeira parte, uma síntese primorosa dos assuntos enfocados pelo estoicismo, a saber: a virtude é o bem máximo que almejamos em nosso procedimento; a maioria dos seres humanos ainda não tem noção lúcida acerca do que confere sentido e pode impregnar de encanto a vida; a virtude, conduzida pela razão, equivale à sabedoria que produz a paz interior onde afloram, de contínuo, surtos de alegria que prenunciam o futuro encontro com as divindades, no céu.

Ali também são analisados os temas relativos aos prazeres e às paixões com seus atrativos de sempre. Sujeitar-se a eles seria algo animalesco. Desfrutá-los, com moderação, é próprio do virtuoso e configura o verdadeiro sábio.

5. Isso não obstante, a leitura mais aprofundada e abrangente do texto desta obra descortina outras perspectivas de rara beleza e encanto.

Ao desenvolver seu modo de ver, analisar e avaliar o agir humano, sempre atraído pelo bem ou pelo prazer, Sêneca visualiza, com precisão, toda a urdidura de conceitos que estruturam e embasam uma filosofia confiável acerca da dimensão ética e moral. Ele destaca os componentes nocionais que integram um compêndio direcionado para orientar o comportamento humano pelo prisma da honestidade.

Eis o valor excepcional deste livreto. O que ele encerra de breve equivale ao seu valor fora do comum. Ele consubstancia um primoroso curso de filosofia moral. Sêneca tem a perícia magisterial de contornar as asperezas de conceitos abstratos e metafísicos, revestindo-os, magicamente, com a elegância aliciadora de seu estilo didático de amena suavidade.

*6.*Perguntaria o leitor: a filosofia moral de Sêneca fala também para o mundo de hoje? Ao desabrochar do século XXI, temos carência de normas para orientar o nosso comportamento já dominado pelos meios modernos da comunicação audiovisual?

A resposta é positiva. O Brasil vivencia uma fase inédita de sua história política e religiosa. O Estado e a Igreja estão abalados com as notícias de corrupção promovida por indivíduos que deveriam ser os arautos da integridade moral.

Independentemente desse fato, o tradutor do presente texto, lastreado na corrente do estoicismo do século primeiro de nossa era, teve a venturosa oportunidade de cursar cinco universidades romanas, onde ouviu lições inesquecíveis de ética e de moral. Ora, tudo quanto, ainda hoje, ali se apregoa de sólido, coaduna, plenamente, com os princípios do ensinamento de um filósofo pagão, Sêneca.

Sirva tal testemunho para reforçar a credibilidade do leitor que descobre, com simpática receptividade, o magistério filosófico de Sêneca.

I. Análise da Parte I: §1-16

1. Na primeira parte do livro *A Vida Feliz*, Sêneca apresenta o conjunto conceitual relativo à essência, à causa e aos efeitos de uma existência realmente feliz, não na perspectiva dessa ou daquela ideologia ou visão de mundo e, sim, sob o enfoque específico da filosofia ético-moral, no plano metafísico, que é diverso de qualquer projeção meramente sociológica. Vamos apreciar a concepção apregoada pelo estoicismo. Sabemos que, para aquela linha de pensamento filosófico, a moralidade do agir humano se pauta pela racionalidade assessorada pela vontade livre.

Segundo Sêneca, o princípio básico que comanda o comportamento consciente e livre do homem é a felicidade existencial, decorrente da adequação com a própria natureza: "*beata est ergo vita conveniens naturae suae*". (3.3)

A partir daí, Sêneca apresenta as condições preliminares para a consecução efetiva da felicidade. Preliminarmente, estabelece: ser dotado de mente sã e estar em posse constante dessa mesma sanidade ("*sana mens est et in perpetua possesione sanitatis suae*", 3.3).

A seguir, revela algumas características dessa felicidade: fortaleza a toda prova; paciência espontânea; abertura para as circunstâncias; cuidado com o corpo, mas sem ansiedade; estar voltado, com carinho, para tudo que promove a qualidade da vida, sem submissão cega aos caprichos da sorte ou às paixões. (3.3)

2. Sêneca destaca a disposição do sábio em resistir às pressões do mundo que o circunda e o condiciona de mil maneiras. Ele considera tal atitude de reserva cautelatória um dos fatores determinantes para o bem-estar da vida.

Ao lado dos elementos com eficácia positiva e direta, como a tranquilidade, a liberdade e a ausência de perturbação, corre, paralelamente, a necessidade de não se deixar envolver com prazeres decadentes e danosos. Ele adverte então: "A maldade provém de alguma fraqueza" ("*omnis enim ex infirmitate feritas est*", 3.4).

3. Até aqui, já despontam os elementos estruturais, graças aos quais se podem avaliar os níveis de qualidade ética no agir humano. Só falta ainda evidenciar como a racionalidade capta a dimensão de honestidade no ato concreto.

Desponta, então, outro ingrediente de máxima relevância: a liberdade.

Sêneca define a liberdade como capacidade de não ser dominado por desejos ou por impulsos do medo. Tal modo de definir corresponde ao que, mais tarde, no século XIII, Tomás de Aquino chamaria de autodeterminação.

4. A liberdade, enquanto está integrando os frutos de uma vida feliz, torna-se o fulcro de novos vetores da beatitude existencial. Vale dizer: ela é causa, mas também produto expressivo de beatitude.

Assim, no parágrafo quarto, Sêneca configura o sumo bem como vontade ativa que exclui coisas fúteis. Homem realmente bom é aquele que cultiva a honestidade sobreposta às futilidades, porquanto enseja o encontro consigo mesmo e de cuja interioridade exsurge a emanação realizante. Ora, tais atitudes dependem da opção livre. Eis porque, no parágrafo 4.3, a liberdade passa a encabeçar as outras dimensões da vida feliz, já que esse bem-estar gratificante em plenitude corresponde à liberdade do espírito que optou pelo bem supremo, de cuja altitude se põe a salvo tanto dos medos como dos prazeres.

Eis como Sêneca se expressa: "A vida feliz é o resultado de um espírito livre, elevado, impávido e constante, acima de qualquer temor, paixão, para o qual o único bem é a honestidade e o único mal é a torpeza." ("*Beatam vitam dicere liberum animum et erectum et interritum ac stabilem, extra metum, extra cupiditatem positum, cui unum bonum sit honestas, unum malum turpitudo.*", 4.3)

6. Prosseguindo nessa modelagem descritiva da liberdade, Sêneca, no mesmo parágrafo, declara que ela é fruto da indiferença perante a sorte (destino): "*fortunae negligentia*". De fato, a cupidez pelos prazeres e a fuga dos incômodos findam, criando condicionamentos escravizantes que cerceiam a desenvoltura da liberdade.

De outro lado, vencendo a busca afanosa pelo prazer e diminuindo a preocupação pela fuga da dor, advém um clima de descontração para a liberdade: "naquele dia em que estiver fora dos prazeres e fora da dor" ("*quo die infra voluptatem fuerit et infra dolorem erit.*", 4.4)

7. Evidentemente, essas descrições da liberdade convergem para o plano da interioridade, que se distingue e até se opõe à exterioridade das coisas e das ocorrências, já que a liberdade opera conexa com a razão. Daí porque no parágrafo 5.1, Sêneca assegura: "pode-se dizer que feliz é quem, mediante a razão, não tem nem temores nem paixões" ("*potest beatus dici qui nec cupit nec timet beneficio rationis.*").

Aliás, precisamente por ser uma dimensão da interioridade, a liberdade se configura com as qualificações intrínsecas de tranquilidade, alegria e harmonia de espírito, conforme o parágrafo 3.4.

Além desse fluxo de predicados interiores, a liberdade, no comando do agir honesto, dignifica e enobrece o ser humano, apresentando reflexos de intersubjetividade decorrente da dimensão social. Daí porque Sêneca fala da "*magnitudo cum mansuetudine*" (3.4); "*humanitas cum conversatium cura*" (4.2); "*comitas et diffusio animi*" (4.5); ou seja, grandeza com mansidão, socialidade na cuidadosa conversação e amizade comunicativa de sentimento.

Assim, a liberdade e a inteira estrutura ético-moral são vistas numa mesma abrangência de intersubjetividade, de modo que o conceito de vida feliz reflita a própria essência do homem, que tanto é racional e livre quanto é social. Eis porque a moralidade implica a presença do semelhante.

Assim, ninguém é bom ou mau só para si. O homem só se realiza com os outros. Portanto, a honestidade implica socialidade.

8. Essa relação essencial entre liberdade, interioridade e socialidade, Sêneca a desenvolve com mais detalhes ao longo do parágrafo 15.

Ali, ele volta a insistir sobre a necessidade de livrar-se da escravidão dos prazeres que oprimem a liberdade: "*libertatem sub jugum mittit*". (15.3)

Sêneca torna então a realçar sua tese: o influxo acalorado do prazer submete o homem a um tipo de servidão, sob o comando de eventos aleatórios da exterioridade, com sua tendência afanosa de prazer e gozo. Ora, tudo isso gera insegurança e produz trepidação angustiante.

Assim, declara, no parágrafo 15.4: "Não conferes base firme à virtude, já que a situas em lugar trepidante e inseguro." ("*Non das virtuti fundamentum grave, immobile, sed iubes illum in loco volubili stare*")

Coisa diversa resulta da presença da virtude. Esta sintoniza o homem com deus, "*Deo parere*", e compromete-o com seu semelhante e com a pátria: "*bonus tutor patriae et amicorum propugnator*".

Concluindo, Sêneca define a liberdade como obediência a deus: "*Deo parere libertas est*". (15.7)

II. Análise da Parte II: §17-28

1. A segunda parte deste livro acerca da vida feliz gira em torno da acusação que pesa contra Sêneca. Ele seria detentor de posses volumosas que contrastariam com a doutrina propalada por sua filosofia da moderação.

Aquelas invectivas constam também dos relatos históricos de Tácito (*Ann.* 13, 42) e Dione Cássio (*Storia Romana* 61, 10).

Tácito escreve que Suílio Rufo criticava Sêneca pelo excesso de patrimônio oriundo de sua amizade com o imperador Nero, de quem fora preceptor e conselheiro.

*2.*Em sua defesa, Sêneca não nega as próprias incoerências nem esconde seus defeitos. Ele prefere transformar as acusações em temas de análise de tudo quanto a filosofia estoica propunha para o entendimento correto do agir humano, visto pelo prisma da moralidade. Em suma, Sêneca não quer ser modelo e pede que não se confunda a filosofia que ele professa, defende e ensina com sua vida particular. Ele se sente feliz já pelo fato de saber onde está o sumo bem e persegui-lo, ainda que a passos trôpegos, capengando.

2.1 Como foi acenado acima, Dione Cássio, em *Storia Romana*, registra o fato de ter Sêneca cometido adultério com Agripina. A seguir, declara: "Isso não foi o único caso em sua conduta (de Sêneca) a aparecer, diametralmente, oposta aos ensinamentos de sua filosofia, já que, enquanto criticava a tirania, ele mesmo era preceptor de tiranos (*tyrannodidaskalos*)".

Caracteriza-o também como frequentador assíduo do palácio imperial.

Dione fala ainda dos trezentos milhões de sestércios que Nero havia repassado para Sêneca.

2.2 O relatório de acusações no texto de Dione enquadra-se no parágrafo 19.3 de *A Vida Feliz*, onde Sêneca escreve: "Se homens devotados à virtude são avaros, dissolutos e ambiciosos, que coisa sois vós que não suportais a virtude a ponto de não tolerar sequer ouvir o nome dela?" ("*Si illi qui virtutem sequuntur avari, libidinosi ambitiosique sunt, quid vos estis quibus ipsum nomen virtutis odio est?*").

Pelo visto, Sêneca ressalta as três acusações que Dione registra contra sua pessoa, a saber: avarento, libidinoso e ganancioso.

2.3 Por sua vez, Tácito (*Ann.* 13, 42) especifica que Suílio tinha vituperado o descomunal patrimônio de Sêneca, atribuindo tudo à nefasta amizade com o imperador.

Sêneca está ciente de tudo. Sabe que seu nome é matéria de excreção pública. Apesar disso, prefere conduzir o debate em nível de análise filosófica, sabendo também retrucar com vigor e até de modo contundente.

2.4 A defesa elaborada por Sêneca limita-se ao plano teórico, prestigiando os valores da filosofia estoica sem pretensão de alçar seu nome pessoal como modelo de virtude para ninguém. Ele é claro: "não sou sábio... nem serei" ("*non sum sapiens... nec ero*"). O termo sábio então equivalia a virtuoso e honesto.

Em outro lance, insiste no aspecto teórico de sua pregação: "Eis que falo não de mim e, sim, como é que se deve viver. Quando recrimino os vícios, em primeiro lugar, estou a reprovar os meus próprios. Assim que me for possível, viverei como deve ser vivida uma existência honesta" ("*De virtute, non de me loquor, et cum vitiis convicium facio, in primis meis facio, cum potuero, vivam quomodo oportet*").

2.5 Sêneca é sincero. Reconhece suas mazelas. Não se apresenta como santo nem como modelo. Apenas desempenha a função de mero auxiliar de reflexão crítica para ensinar a descobrir os vícios de dentro da alma e de fora, no convívio humano. Portanto, ele prima pela sinceridade e, por sinal, pela coragem.

3. Depois de caracterizar a categoria dos "maldizentes que se enfeitam com as ofensas aos outros" ("*at maledici, in alienam contumeliam venusti sunt*", 19.3), Sêneca desenvolve seu discurso em torno dos deveres do sábio.

Principia, retomando a invectiva em voga, segundo a qual "os filósofos não praticam o que falam" ("*non praestant philosophi quae loquuntur*", 20.1).

Em resposta, Sêneca explica que os filósofos desempenham uma missão didática e sempre útil. Antes do mais, o que deve ser avaliado é sua boa intenção de educador. Isso prevalece sobre a prática da vida deles.

3.1 Ao longo do parágrafo 20 (3.5), Sêneca disserta sobre o indivíduo que propõe como ideal de existência pautar seu comportamento pelos princípios éticos do estoicismo. Em síntese, ele deve estar pronto para fazer frente a qualquer incômodo sem perder-se no desequilíbrio ou entregar-se aos caprichos da sorte.

3.2 De permeio, Sêneca traz à baila o problema da riqueza. Evitando abordar o aspecto palaciano e político, Sêneca concentra sua atenção na dimensão social. Indiretamente, faz a apologia da riqueza enquanto fonte de benefícios para o próximo: "não será excessivo aquilo que poderei repassar para quem o merece" ("*nunquam id mihi multum erit quod dignus accipiet*", 20.4).

3.3 Finda com um sermão místico, à guisa de pregador da religião cristã, já presente no império romano:

"Quem se propõe a tais objetivos desejará atingi-los e fará todo o possível para tal, percorrendo o caminho que leva ao céu e, caso não conquiste a meta, caiu em meio de uma grande empresa.

Vós que odiais tanto a virtude quanto quem a cultiva nada fazeis de novo. Quem tem problemas nos olhos não suporta a luz e os animais notívagos evitam o esplendor do sol. Apenas desponta o sol e já correm para esconderem-se nas suas covas e, por medo da luz, refugiam-se em qualquer brecha. Gemei e, rangendo os dentes no insulto aos bons, soltai a língua, mordei, já que não lograreis sequer deixar marca." (20.6)

4. Os modernos especialistas, na Itália, fazem o mapa detalhado do posicionamento delicado de Sêneca em face do mundo político de Roma. Ele era um palaciano. Recebera favores excepcionais dos imperadores. Isso força-o a enquadrar, de modo direto ou indireto, a política em voga no contexto de sua filosofia ético-moral. Aliás, missão difícil porquanto, de um lado, as intemperanças do poder público eram notórias, de outro lado, o próprio Sêneca perdera seu prestígio junto ao poder imperial.

4.1 No texto da *A Vida Feliz* (4.2), ao definir o que é sumo bem, Sêneca declara: "força invencível de alma, vivaz, calma no agir e associada a grande humanidade com atenção ao próximo". Aí, já evidencia que a moral está voltada para fora da pessoa que age ou opera eticamente. Ele reflete a intersubjetividade. Isso acena para a dimensão política.

4.2 Mais explícito será Sêneca no texto *De Clementia*, no qual estabelece as quatro virtudes que devem caracterizar o mandatário do poder supremo, a saber: tranquilidade, magnitude, mansidão e magnificência.

4.3 Destarte, é possível configurar a imagem do sábio, no exercício do poder máximo, segundo a concepção estoica. No parágrafo 25.4, Sêneca descreve toda essa magnificência real:

"Imagina que eu seja o maior vencedor[...] imagina todos os reis dirigindo-me consultas; não é por isso que esquecerei de ser um homem, mesmo se exaltado como um deus."

No original: "*Fac me victorem universarum gentium... iura reges petant. Me hominem esse máxime cogitabo, cum deus undique consalutabor*".

4.4 Qual posição o sábio assume diante do imperador?

No parágrafo 15.7, Sêneca deixa claro que, antes da obediência ao rei, prevalece a submissão a deus: "nascemos numa monarquia, aqui, obedecer a deus é ser livre" ("*in regno nati sumus, deo parere libertas est*").

Daí se conclui. Quando, acima (15.5), dizia que o homem sábio suporta ferimento e ama o comandante que o expõe à morte, Sêneca resguarda a dignidade da consciência religiosa: "primeiro deus, depois o rei!". Essa consciência de responsabilidade perante deus explica porque, hoje, tanto no plano político do Estado como no campo místico da religião, há indivíduos dotados de coragem a ponto de ensejarem que sejam descortinados ao conhecimento público crimes e escândalos até, de recente, mantidos ocultos, graças à hipocrisia da "lei do silêncio" que impõe mordaça a ferro e a fogo.

A resposta de quem for alvo de medida pseudodisciplinar de repressão por não se ter submetido à "lei do silêncio" é a mesma já editada por Sêneca: "obedecer a deus, eis a verdadeira liberdade" ("*Deo parere, libertas est*").

Luiz Feracine

Parte I

Nesta primeira parte, Sêneca trabalha com definições. Ele conceitua o que são virtude, vício, vida digna e felicidade.

Seu objetivo principal é aclarar a relação entre virtude e prazer. Afinal, nascemos para a dignidade da virtude ou para desfrutar os sentidos corpóreos como meros irracionais?

Sêneca deixa nítido que a vida humana, antes de se pautar pelo prazer do conforto e das riquezas, depende, primariamente, do valor ímpar que aponta para o sumo bem.

1.1 Questão preliminar: o que significa "viver feliz"?

Viver de modo feliz, ó meu irmão Gálio[1], todos almejam; mas, quando se trata de ver, com nitidez, o que torna feliz a vida, então os olhos ficam ofuscados. De fato, é de tal monta a dificuldade em conseguir vida feliz que, quanto mais alguém, afanosamente, está em seu encalço, posto que tenha errado na escolha do caminho, mais se distancia porque é levado à meta oposta, porquanto a pressa só aumenta distância que as separa.

Antes do mais, cabe determinar o que seja aquilo que estamos

(1) Gálio era o irmão mais velho de Sêneca, chamado Ênio Novato. Ele adotara o nome de seu tutor, Giuno Gálio. Teve sucesso na vida política, tendo chegado ao Senado. Suicidou-se para escapar da morte ordenada por Nero, em 66 d.C. Ao mesmo irmão, Sêneca dedica a obra *De ira* (*Sobre a Ira*).

querendo. Depois, ponderar as circunstâncias nas quais poderíamos alcançá-lo de modo mais rápido.

Ao longo do percurso, visto que adequado, iremos entendendo quanto progredimos dia a dia e qual a distância da meta para onde nos impulsiona o desejo natural.

1.2 O risco de perder a pista

Enquanto perambularmos, às cegas, sem acompanhar o condutor[2], debaixo de brado dissonante de vozes a ecoarem de todos os lados, então a breve vida descambará para enganos, apesar de estarmos a labutar, dia e noite, com as melhores das intenções.

Decidamos para onde andar e o caminho a percorrer, todavia, nunca sem um esperto que conhece a estrada, já que não se trata de viagem semelhante às demais. Ali, tomando um atalho e interrogando os moradores, não há como desviar. Aqui, em vez disso, por mais conhecido e frequentado seja o trajeto, maior o risco de ficar à deriva.

1.3 O perigo da opinião pública

É preciso atentar para não seguir como ovelha o rebanho à frente, porque, não sabendo para onde ir, vai para onde as outras se dirigem.

Realmente, nada mais pernicioso que se adequar à opinião pública, tendo por mais acertado o que é consensual. Como atestam numerosos exemplos, acontece findar vivendo não de acordo com a razão e, sim, imitando os outros.

1.4 Ninguém erra sozinho

É o que acontece numa grande chacina de seres humanos, quando a multidão se comprime. Ali, ninguém cai sem que também arraste o outro e, assim, os primeiros são o começo da queda dos demais.

Isso também ocorre na vida. Ninguém erra somente para si, mas é causa do erro alheio.[3]

(2) Na Carta LII, Sêneca frisa ser necessário o monitoramento por parte de um guia para quem se sente vocacionado à sabedoria. Ele diz, ali, que há indivíduos que caminham ao encontro da verdade sem assistência de outros; porém, isso é raridade porque, normalmente, temos necessidade de alguém, já iluminado, que mostre o traçado a ser percorrido.

(3) Sêneca destaca, aqui, a importância do exemplo na área da ética e da moral. O modo de agir fala mais alto do que a oratória dos pregadores.

É, sim, nocivo apoiar-se em quem precede, ainda mais quando cada um prefere dar crédito a outrem em vez de avaliar, judiciosamente, por si, omitindo avançar juízo próprio acerca da vida. Por isso, adota-se sempre a postura alheia. Destarte, o erro, passando de mão em mão, acaba por nos envolver e prejudicar.

1.5 A força do mau exemplo

Por força dos exemplos alheios, causamos nossa própria ruína. A única saída é afastar-se da multidão e, assim, pôr-se a salvo. Hoje, o povo se erige em defensa do seu próprio mal, entrando em conflito com o bom senso.

É o que acontece nas eleições. Aqueles que foram eleitos para o cargo de pretores são vistos, com admiração, pelos que os elegeram. É que o beneplácito popular é volúvel e, de fato, muda. Aprova-se algo que, logo depois, é desaprovado. Eis o resultado de toda decisão com base no parecer da maioria.

2.1 A verdade não é quantitativa

Quando se trata da felicidade da vida, não se pode responder a modo de votação por mudança de lugar(4): a maioria está desse lado, então, do outro lado está, a parte pior. Esse método não se aplica aos problemas humanos, para os quais a coisa melhor nem sempre agrada a maioria. Aqui, a multidão é argumento negativo.

2.2 Não dar crédito às aparências

Investiguemos o que há de melhor para ser feito e não o que é mais praticado(5); o que conduz a obter felicidade duradoura e não o que só reflete aprovação popular, aquela desqualificada intérprete da ver-

---

(4) No Senado, a decisão pelo voto era expressa pela troca de lugar, passando para o lugar oposto, isto é, para perto daquele a quem se dava apoio. Era a votação por deslocamento (*discessio*). Sêneca diz: "a multidão é argumento (a favor) do pior" (*"Argumentum pessimi turba est"*). Aqui, ele demonstra que, em matéria de moralidade, o critério meramente quantitativo não é suficiente para extrair a essência da verdade. Esta não depende do número. Assim se entende que Cristo morreu na cruz, sozinho, pela sua verdade. Por isso, o recurso de que se valem os regimes democráticos para avaliar o montante da opinião pública não apura o valor objetivo da verdade e, sim, apenas a tendência avaliativa em torno de qualquer assunto. Em todo o caso, assegura Sêneca, o método de votação não comporta critério absoluto de verdade, ainda mais quando estão em apreço verdades morais.

(5) No original: *"non quid usitatissimum"*, "não o que é usadíssimo." Sêneca, no livro sobre *Questões Naturais* (3-18-3) usa a expressão *"usitada contemnere"*: "desprezar atitudes de uso comum."

dade. Aliás, por vulgo eu entendo mesmo tanto quem veste túnica[6] quanto os que ostentam coroas[7].

Eu não olho para a cor das vestes que cobrem o corpo. Não acredito em aparências. Tenho um instrumento melhor do que os olhos e mais confiável, que me permite distinguir o verdadeiro do falso. O bem da alma quem o descobre é ela mesma.

2.3 Arrependimento torturante

Aliás, a alma que logra desfrutar um átimo de respiro e reentrar em si mesma, então, com pesar, confessará a verdade, dizendo: quem me dera não tivesse feito aquilo que fiz; repensando o que tenho dito, invejo os mudos; tudo que desejei, ó santos deuses[8], considero execração dos inimigos; tudo que temi torna-se preferível ao que foi cobiçado.

2.4 Esplendor que esconde miséria

Tenho sido inimigo de muitos e, se há reconciliação entre os maus, então estou reconciliado, depois de tanto ódio. Em decorrência disso, agora, não sou sequer amigo de mim mesmo.

Fiz de tudo para distinguir-me da massa e fazer-me notável por algum mérito, mas que outra coisa obtive senão ficar exposto a flechadas e oferecer o flanco à inveja?

Estás[9] a ver aqueles que enaltecem a eloquência, buscam riqueza, cortejam favores e exaltam o poder? Todos esses indivíduos ou já são inimigos ou podem vir a ser. Isso, aliás, dá na mesma. Em suma, tantos admiradores quantos os invejosos.

Afinal, por que não prefiro buscar um bem para dele desfrutar enquanto deleitável de verdade e não só de mera aparência?

Todas essas coisas que cativam nossa atenção, perante as quais, atônito, um mostra ao outro, na verdade, esplendem por fora, mas, por dentro, são míseras.[10]

---

(6) Túnica: *chlamydatos*, "tunicados". A clâmide era um manto curto dos antigos gregos, preso por broche ao pescoço ou ao ombro direito.

(7) O coroado (*coronatur*) designa a categoria dos escravos. O escravo, quando ornado com a coroa, estava à venda (ver Gallius, VI, 4).

(8) No original: *di boni*, "deuses bons". Exclamação que, hoje, expressa-se em: "Oh, Santo Deus

(9) Sêneca se dirige ao seu irmão Gálio, a quem dedica este livro.

(10) Hoje, temos uma expressão chula que corresponde a "*foris nitent, introrsus misera sunt*": "por fora, bela viola; por dentro, pão bolorento".

3.1 O bem nos circunda

Procuremos algo de bom não só na aparência, mas sólido, contínuo e formoso por dentro. Isso é o que vamos expor, trazendo à luz. Não está longe, não. Nós o encontraremos. Basta saber para onde estender as mãos. Por hora, estamos tateando, em meio à escuridão, tocando em coisas mais vizinhas que afloram ao nosso encontro como apetecíveis.

3.2 A doutrina estoica[11]

Para evitar delongas, deixo de fora as opiniões dos outros porquanto seria fastidioso elencá-las e discuti-las. Ouça a nossa. Quando digo "nossa", não me associo a nenhum dos grandes estoicos. Tenho direito também eu de expressar meu ponto de vista.[12]

Assim, a um seguirei; a outro pedirei que especifique seu pensamento. Pode ocorrer que, interpelado por derradeiro, eu não desaprove a nenhuma das posições defendidas por quem me precedeu e diga: "e ainda penso algo mais".

3.3 Vida feliz equivale à conformidade com a natureza

Segundo todos os estoicos, eu sigo a natureza. É sabedoria não se afastar dela e adequar-se às suas leis e ao seu exemplo. É, pois, feliz a vida que está conforme a própria natureza.

Isso só pode acontecer, antes de tudo, se a mente for sã e estiver na plena posse de suas faculdades; se for verdadeiramente forte; decididamente paciente; adaptável às circunstâncias do tempo; atenta ao corpo e a tudo que o tange, mas sem ansiedade; amante das vantagens que aprimoram a qualidade da vida, mas com a devida precaução[13]; enfim, pronta para servir-se dos dons da sorte, sem dela tornar-se escravo.

(11) A filosofia estoica privilegia a virtude e não o prazer como os epicuristas.

(12) Na Carta 45, 4, Sêneca enfatiza sua autonomia de posicionamento filosófico: "Não sou emancipado por ninguém. Não levo o nome de ninguém. Adoto, sim, o parecer de indivíduos de projeção, mas também reivindico algo de meu." (*"Non me cuiquam emancipavi; nullis nomen fero; multum quorum virorum indicio credo; aliquid et meo vindico."*).

(13) Essa preocupação geral assinala a reserva equilibrada que corresponde ao preceito de não admiração (*sine admiratione cuisquam*). É a tal de *athaumastia* estoica, já pregada por Demócrito e Eráclito. Ver, a propósito, Horácio (Carta 1, 6, 1): "nada admirar... só o que podes realizar e conservar como coisa boa." (*"nihil admirari... solaque quae possit facere et servare bonum..."*).

3.4 Vida feliz e beatitude plena

Cuida de entender por ti mesmo, ainda que eu nada antecipe. Importa perseguir a perpétua tranquilidade e a liberdade, removendo as causas da irritação e do temor. No lugar dos prazeres pequenos e efêmeros, que são mesquinhos e danosos, sobrevenha alegria expansiva, imperturbável, constante, seguida da paz na harmonia da alma, unida pela grandeza da mansidão. Aliás, qualquer tipo de perversidade resulta de alguma deficiência.

4.1 As definições válidas de sumo bem

Poder-se-ia dar também outras definições para nosso bem, já que o mesmo conceito é passível de ser expresso com palavras diferentes. Tal como um exército(14) que pode desfilar em área aberta ou em espaço fechado, ora dispondo-se em semicírculo, ora em linha reta, mas, seja qual for o ordenamento, não perde sua força nem disposição de lutar pela mesma causa. Assim a definição de sumo bem pode ser ampla e detalhada ou breve e concisa.

4.2 Várias definições de vida feliz

Seria o mesmo dizer: o sumo bem existe quando a alma despreza a sorte e compraz à virtude; ou dizer que a força do ânimo é invencível, alerta, calma no agir e atenta aos interesses da humanidade toda, tendo cuidado especial pelos seus familiares.

Podemos ainda dizer: feliz é o homem para o qual não existe nem bem nem mal e, sim, apenas uma alma boa ou má que cultiva a honestidade(15); contenta-se com a virtude; não se deixa exaltar nem abater nos eventos e conjunturas; não conhece bem maior do que aquele que pode dar a si mesmo, já que para ele a verdadeira volúpia é o desprezo das volúpias.(16)

---

(14) Comparar virtude com disciplina militar era típico do filósofo romano Quinto Sextio, da época de César. Sêneca apresenta essa visão de Sextio na Carta 59, 7. Ali, ele escreve: "O sábio está precavido contra qualquer assalto[...]"

(15) Sêneca não está dizendo que se deva fundir bem e mal. O indivíduo feliz, imbuído da perspectiva do bem total, está apto para não se deter em coisas minúsculas, seja boa, seja má. Ele enxerga longe e aspira à perfeição que surge de pequenos e sucessivos percalços, nessa sublime ascensão até o cume da felicidade total. A felicidade plena implica o controle dos prazeres de menor categoria ética.

(16) Note o leitor, aqui, duas figuras de estilo: aliteração (repetição de fonema nos vocábulos mais próximos, por exemplo: "fria, fluente, frouxa claridade") e poliptoto (emprego, dentro do mesmo período, de palavras sob várias modalidades gramaticais, por exemplo: "trabalhar, sempre trabalhei e hei de verar trabalhando enquanto for do beneplácito divino." Agora, no texto em estudo: aliteração: "*cui nullum bonum malumque*"; poliptoto: "*cui vera voluptas erit voluptatum contemptio*" ("na qual a verdadeira vontade está no desprezo às volúpias").

4.3 Outras modalidades da mesma concepção

Podemos, se for de teu agrado, divagar, apresentando a mesma ideia em outras imagens sem que isso lhe altere o conteúdo. Nada impede afirmar que a vida feliz é o acabamento – performance – de uma alma livre, sobranceira, impávida e firme, a cavaleiro de qualquer temor, no controle total de qualquer paixão, de sorte que o único bem é a dignidade e o único mal é a desonestidade, sendo todo o resto um amontoado de coisas que não tiram nem acrescentam nada à felicidade da vida. Em suma, coisas que aparecem e desaparecem sem aumentar nem diminuir o sumo bem.

Ao recomendar que o indivíduo, direcionado para a prática do bem honesto, antes de se preocupar com dimensões de bem e de mal tenha em vista o sentido pleno de bem ou de sumo bem, Sêneca não está sancionando a tese esdrúxula e alucinante de Nietzsche (1844-1906). Este filósofo alemão, discípulo de Schopenhauer, ao propor uma nova moral situada "além do bem e do mal", confundia "ética filosófica" com a "ética sociológica", a qual estava sob a mira de suas críticas. As éticas sociológicas como modalidades culturais de diferentes fases históricas são mutáveis, mas os princípios estruturais da filosofia moral são permanentes, porque refletem a natureza do ser humano, sempre idêntica.

4.4 Prazer gera desprazer

Necessariamente, uma atitude fundada sobre tal perspectiva, quer queira, quer não, acarreta serenidade estável, alegria profunda e intimamente desfrutada, porque é o gozo do que lhe é próprio e específico, sem almejar nada fora do que já é e possui.

Ora, como tudo isso não iria superar, satisfazendo, em nível mais nobre, aos mesquinhos, fúteis e instáveis impulsos de nosso pequeno corpo? Ao contrário, no dia em que ele for dominado pelo prazer, ficará submetido também ao sofrimento.[17]

A propósito, seja vista a nociva escravidão a que está condenado quem se sujeita, ora ao prazer, ora à dor, já que tanto um como outro configuram os patrões mais despóticos e caprichosos.

(17) Sêneca, aqui, alude à escravidão, comandada pela busca irracional de prazer pelo prazer. É evidente que o prazer sensitivo opera qual meio e não fim da vida honesta.

4.5 O verdadeiro bem é algo de concreto e pessoal

Em razão disso, devemos ir ao encontro da liberdade. Há um único meio de alcançá-la: a indiferença ante a sorte.[18]

Então, eis que surge aquele bem inestimável, ou seja, a paz da mente assegurada em sua sublimação, enquanto os erros são eliminados mediante o conhecimento da verdade que infunde alegria imensa em clima de serenidade. De todos esses bens a alma desfruta, não porque excelentes em si, mas porque brotam do bem próprio.[19]

5.1 A consciência de felicidade

Posto que comecei a tratar deste tema de modo um tanto informal, podemos então definir como pessoa feliz quem, graças à razão, não está submetido à cupidez nem a temores. Verdade que também as pedras não experimentam medo e tristeza.[20]

Está evidente que, para Sêneca, a racionalidade é atributo específico da natureza humana.

O mesmo ocorre com os animais. Isso não justificaria afirmar que sejam felizes, pois, neles, não existe a consciência de felicidade.

5.2 Não existe felicidade fora da verdade

No mesmo nível sejam colocados os homens cuja parvoíce mental ou inconsciência de si situa-os entre o gado e outros animais. Não há diferença entre esses e aqueles. De fato, os animais carecem, totalmente, de racionalidade. Nesses homens ela é diminuta além de nociva para si mesma, porquanto engenhosa na perversidade. Ora, ninguém pode ser tido como feliz fora da verdade.[21]

(18) A filosofia pagã dos gregos e romanos trabalha com o ingrediente sorte ou destino, comandado pela deusa Fortuna. Ela é caprichosa e fatal. A sorte de bem viver supõe o descarte de sua influência, já que ela foge do controle direto da nossa racionalidade.

(19) A última afirmação de Sêneca parece um tanto ambígua. Diz ele: "*quibus delectabitur non ut bonis sed ut ex bono suo ortis*", literalmente, "deles se desfruta não como coisa boa mas porque nasce do seu (do indivíduo) bem." Não é que Sêneca negue que algo possa ser um bem si, com valor objetivo. Aqui, ele enfatiza o nexo de bem em si com o bem da pessoa que o concretiza.

(20) No livro *De Ira* (*Sobre a Ira*) 1-3-6, Sêneca escreve: "Os animais mudos não possuem os sentimentos humanos, mas têm impulsos semelhantes aos homens" ("*Muta animália hominis affectibus carent; habent autem símiles illis quosdam impulsos*").

(21) Sêneca supõe, neste argumento, que a verdade só é captada pelo intelecto humano. Daí que a felicidade, típica do ser racional, implica a posse da verdade.

5.3 Vida feliz e retidão constante

Feliz, então, é a vida fundamentada em juízo reto, certo, estável e imutável. É assim que a mente se faz pura, porquanto livre de qualquer maldade, sendo capaz de subtrair-se de qualquer ferimento ou arranhadura porque decidida a ficar onde reside e a defender seu espaço contra adversários e investidas vingativas da sorte.

5.4 A maior das tentações

No que tange ao prazer, embora difusamente disseminado, com atrativos aliciantes para a alma a ponto de defrontar-se o indivíduo com atrativos sedutores e com força suficiente para capturá-lo, seja no todo, seja em parte, cabe perguntar: Quem, dentre os mortais, dotado de um lastro mínimo de racionalidade, ainda que, de contínuo, atraído, teria a ousadia de, relegando às traças a alma, dedicar-se só ao corpo?[22]

6.1 Trocar o bem pela maldade é loucura

Também a alma, poderia alguém dizer[23], tem seus prazeres. Concordo. Ela os têm, sim. Ela se torna centro e árbitro da luxúria e dos prazeres. Então, locupleta-se de tudo aquilo que, costumeiramente, alicia os sentidos. Ademais, ela volta o pensamento ao passado e, recordando de prazeres já vivenciados, recompõe sua experiência e pergunta por aqueles outros ainda por virem. Assim, enquanto o corpo está enchafurdado em lauto banquete, a mente corre com o pensamento ao encontro dos prazeres futuros.

Ora, tudo isso se afigura mesquinhez, porquanto preferir o mal ao bem é loucura. Ninguém pode ser feliz se não tiver mente sadia e, certamente, não a possui quem opta pelo que vai prejudicá-lo.

6.2 Feliz é quem confia à razão sua conduta

É feliz de verdade quem usa, de modo correto, a capacidade judicativa da mente. Feliz é aquele que, satisfeito com sua condição, seja

(22) Sêneca desencadeia severa crítica contra a vida dominada pelos prazeres dos sentidos corporais. Ver *De Brevitate Vitae* (*A brevidade da vida*, 7, 7).

(23) Neste parágrafo, Sêneca descreve o quadro tétrico da parceria da alma com o corpo, em busca do prazer pelo prazer.

ela qual for, dele desfruta. Feliz quem entrega à razão o direcionamento de toda a sua vida.

7.1 Rejeita-se a tese que identifica prazer e virtude

Aqueles que conceituam o sumo bem situado nos prazeres, vejam, agora, o lugar vergonhoso onde o colocaram. Com insistência, negam que seja possível separar o prazer e a virtude. Assim asseguram também não ser exequível viver, honestamente, sem prazer nem ter vida com prazer sem honestidade.[24]

Eu não vejo como conciliar coisas tão diversas. Daí esta minha pergunta: qual o motivo veta separar o prazer da virtude? Talvez porque todo princípio de bem procede da virtude e de suas bases advém aquilo que amais e desfrutais?

Ora, se prazer e virtude não fossem realidades distintas, então não existiriam coisas deleitáveis, mas somente coisas desonrosas; nem coisas honestíssimas, mas onerosas e só alcançadas a preço de muito penar.

7.2 Não unir o que se contradiz

Digo mais: o prazer se concilia com a vida despudorada, mas a virtude não admite desonestidade.[25] Há, sim, indivíduos infelizes não porque privados dos prazeres, mas em decorrência do próprio prazer. Ora, isso não ocorreria se prazer estivesse conexo com a virtude. Aliás, a virtude, com frequência, está vazia de prazer e nunca dele necessita.

Por que, então, colocar junto o que é diverso e até contraditório?

7.3 A beleza da virtude

A virtude é algo de elevado, sublime e nobre, invencível, infatigável. O prazer[26] é coisa baixa, servil, débil, efêmera, que tem domicílio em

(24) Essa passagem recorda Cícero, no seu livro *De Fine* (*Sobre o fim*, 1-18), onde escreve: "*Clamat Epicurus, is quem nimis voluptatibus esse deditum dictis, non posse iucunde vivi nisi sapienter, honeste iusteque vivatur, nec sapientes honeste, iuste nisi iucunde*", ou seja, "Epicuro proclama: quem for em demasia apegado às volúpias mencionadas, só pode viver, de modo feliz, se de maneira sábia, honesta e justa viver, já que sem sabedoria honesta e justa não existe felicidade."

(25) Aqui, de novo, Sêneca recorre à aliteração: "*voluptas... vitam... venit... virtus... vitam...*"

(26) Cícero, em *De Fine*, 3-4, qualifica o prazer dos sentidos do corpo como "invejoso", "infame" e "suspeito".

bordeis e tabernas. A virtude, ao invés, encontra-se no templo, no foro, na Cúria, na vigilância de nossas muralhas. Ela anda coberta de poeira, queimada de sol e de mãos calosas. Por sua vez, o prazer, com frequência, oculta-se, busca a escuridão que o acoberta, frequenta as piscinas e os balneários de água quente[27], lugares esses longe dos olhos dos edis. Ele se mostra flácido, desnervado, cheirando a vinho e a perfume, empalidecido, quando não formoseado e embalsamado qual cadáver.

7.4 As deficiências estruturais do prazer

O sumo bem é imortal, não conhece exaurimento, não sente enfado nem remorso porque a mente reta não tergiversa nem se desgosta de si mesma e nada modifica, já que está ótima.

Contrariamente a tudo isso, o prazer se exaure em meio ao que há de mais belo. Limitado como é, fica, bem logo, saciado. Sujeito como está ao tédio, logo após o primeiro ímpeto, já afrouxa. Não pode ser estável o que, por natureza, é móvel. De igual modo, não pode ter consistência o que aparece e desaparece como num relâmpago, destinado a findar no instante mesmo em que surge. Com efeito, já vê o fim quando começa.

8.1 Outra objeção: o prazer é partilhado pelos bons e pelos maus

Que pensar do seguinte: como os bons, os maus também desfrutam de seus prazeres e não se deleitam menos os malvados em suas torpezas do que os bons em suas ações honestas?

Bem por isso os antigos ensinam a seguir a vida melhor e não a mais prazerosa, de modo que o prazer seja um aliado e não o guia da vontade digna e reta.

8.2 Prazer é meio e não fim da vida honesta

É a natureza que devemos assumir como guia. A ela se volta a razão e pede conselho. Eis que passo a explicar-te o que entendo: se soubermos

(27) Os banhos quentes ou saunas eram vistos por Sêneca como tentação perigosa. Na Carta 51, ele escreve: "todo suor se exala pelo trabalho" ("*Omnis sudor per laborem exeat*"). Se o verbo "*exeat*" for traduzido por "sair como limpeza", então o trabalho não tem tal resultado. Sêneca critica a evaporação de suor causada pela temperatura alta das águas térmicas. Para ele, quem quiser exalar suor à beça, então trate de trabalhar.

conservar, cuidadosa e serenamente, os dotes físicos e as inclinações naturais como bens de um dia e por isso fugazes; se não somos escravos deles nem submetidos ao poder das coisas exteriores; se as ocasionais alegrias do corpo têm para nós o mesmo valor que as tropas auxiliares, sendo as pesadas iguais às ligeiras no exército (essas obedecem e não comandam), então, por certo, será de utilidade para a mente tudo isso.

8.3 Controle sobre o prazer produz equilíbrio de conduta

Homem incorrupto é aquele não é dominado pelos eventos externos porquanto está voltado só para si mesmo. À medida que estiver seguro de si e pronto para tudo, ele se torna o artífice da vida.

Nessa sua segurança não falte conhecimento nem consciência de perseverança. Sejam sempre sólidos seus princípios, e suas decisões não sofram reparos.

Eis que entendes mesmo o que eu não digo: um homem assim será equilibrado e organizado em todas suas ações. Será magnífico, sim, mas nunca sem benevolência.

8.4 A função diretora da mente

A razão questiona, estimulada pelos sentidos de onde recebe impulso (e não existe outro ponto de partida para a verdade confiável). A seguir, ela se volta para si mesma.[28] De fato, também o universo, que tudo abarca como o próprio deus – reitor do mundo – se volta para o exterior, porém sempre retorna para si mesmo.[29]

De igual modo procede a nossa mente. Ao seguir os sentidos, ela se projeta para o lado de fora sem, todavia, perder o controle deles e de si mesma.

8.5 A reta razão apalpa o sumo bem

Dessa maneira, resulta uma força única e harmoniosa entre as nossas faculdades e daí brota aquela racionalidade segura, sem contradi-

(28) Sêneca relaciona as duas matrizes do processo cognitivo: a sensitiva e a intelectiva. Ao longo dos séculos posteriores, os filósofos irão analisar esse nexo cognitivo, dando origem às diversas correntes de filosofia: empirismo, materialismo, idealismo, realismo absoluto e realismo moderado.

(29) Logo mais e ao longo dos séculos sucessivos, até hoje, a teologia cristã vai debruçar-se sobre esse problema: o mundo, a história do homem e Deus.

ção e livre de incertezas em suas opiniões, conhecimentos e convicções. Enfim, aquela racionalidade que, uma vez estruturada em seus componentes e com os mesmos ajustados, opera de modo uníssono.

Eis então quando ela toca o sumo bem.

8.6 O sumo bem é a harmonia da alma

Aí, nada de reprovável, nada de lúbrico, nada que a faça vacilar e cair. Fará tudo conforme o próprio querer e não lhe ocorrerá nada de imprevisto. Todas suas ações terão bom êxito de modo fácil, rápido e sem precipitações. De fato, preguiça e indecisão denotam contraste e incoerência. Daí poder-se assegurar, sem relutância, que o sumo bem é a harmonia da alma.

Realmente, as virtudes devem residir onde há concordância e unidade. São os vícios que criam discrepâncias.

9.1 Nova objeção: virtude implica prazer

Poder-me-ia objetar: "tu também cultivas a virtude, porque dela esperas tirar algum prazer."[30]

Antes do mais, respondo, negativamente. Se a virtude produzir algum prazer, então também por isso ela é almejada. Não porque ela produza tal satisfação que é procurada e, sim, porque também daí advém algum prazer. O empenho virtuoso não é causado por ele, mas em vista de outro objetivo, muito embora possa daí decorrer também algum prazer.

9.2 Não confundir deleite com o agrado do prazer

Em campo semeado de trigo, nascem, cá e lá, flores. Não é por causa de tais plantas, ainda que belas para os olhos, que foi feita toda aquela fadiga. Bem outro era o intento de quem semeava. O mais é acréscimo eventual. Assim também o prazer não é o preço nem a causa da virtude e, sim, um acessório dela. Não é porque deleita que é receptiva, mas, embora deleitando, tem receptividade.[31]

(30) Sêneca aborda, nesses parágrafos, o tema capital da filosofia epicurista, que submete o valor da virtude ao peso do prazer. Ver o texto de Cícero (*De Fine*, 1.13; 4,7), onde o mesmo tema é analisado.

(31)Esta sentença merece ser registrada no original latino: *"Nec quia delectat placet, sed, si placet, et delectat"*.

9.3 O conceito de sumo bem

O sumo bem consiste no próprio juízo e na estruturação de uma mente perfeita que, cônscia de seu movimento restrito aos seus limites, realiza-se plenamente, de modo a nada mais desejar. De fato, nada existe fora da plenitude a não ser seus limites.(32)

9.4 O prazer é parvoíce comparada com o sumo bem

Eis como te equivocas ao questionar acerca do motivo que me leva a aspirar pela virtude. Tenta então buscar algo acima ou além do que é o máximo.

Queres saber que proveito eu tiro da virtude? Ela mesma. Ali, nada mais precioso. Ela é o seu próprio preço.

Isso te parece pouco? Se eu digo: o sumo bem é firmeza de ânimo sólido e sua previdência e sua exaltação e seu equilíbrio e sua liberdade e sua harmonia e dignidade, poderias ainda imaginar algo de mais grandioso para comportar tantos préstimos? Por que ainda falar em prazer? Eu busco o bem do homem, não do seu ventre(33) que, de resto, é bem mais receptivo no gado e nas feras.(34)

10.1 Objeção: vida de prazer implica virtude

"Distorces", poderias replicar, "o que digo".

Eu também não nego que alguém possa viver feliz sem que viva de modo honesto. Isso não vale nem para os animais nem para quem mede a felicidade só pela comida. Afirmo, de modo claro e categórico: a vida que eu defino como prazerosa não pode ser outra senão aquela associada à virtude.

10.2 Resposta à objeção: dar primazia ao conceito de prazer confunde o significado de virtude

Quem ignora que alguns homens tresloucados estão condiciona-

(32) Seja no original: *"Nihil extra totum est, non magis quam ultra finem"*.

(33) Segundo o epicurismo, o ventre é a sede de todos os prazeres sensitivos.

(34) Percebe-se aí, um toque da ironia em "mais receptivo ou largo": em latim, *"laxior"*.

dos aos prazeres? Que a iniquidade abunda nos gozos exuberantes? Que a alma mesma sugere uma chusma de prazeres vergonhosos, como a arrogância e a proterva autoestima; o orgulho que despreza o outro; o amor cego pelas próprias coisas; a euforia motivada por pequenos e fúteis pretextos; as maledicências com a soberba agressiva; a inércia e a indolência que, fatigadas pelo acúmulo de prazeres, acabam dormindo sobre si mesmas?

10.3 Prazer tem função relativa

Tudo isso a virtude rejeita. Para tais aberrações, ela tem ouvidos moucos. Ela sopesa o prazer, antes de aceitá-lo...(35)

De fato, não o acolhe para fins de mero prazer, mas, ao contrário, alegra-se porque pode usar dele com moderação.(36)

10.4 Diferença entre as duas posições em conflito

"A temperança ao limitar o prazer é lesiva para o sumo bem". Falando assim, estás privilegiando o prazer. Eu o controlo. Tu fruis do prazer. Eu dele só me sirvo. Tu crês que ele seja o sumo bem. Para mim sequer bem é. Tu fazes tudo por prazer. Eu, nada.(37)

11.1 Consequências negativas do prazer pelo prazer

Quando digo que nada faço por mero prazer, eu aludo àquele sábio(38) a quem atribuímos, preferencialmente, o conceito de prazer.

De minha parte, não ouso denominar sábio a quem está escravizado por alguma coisa, ainda mais quando aquilo for a volúpia.

Com efeito, se estiver inteiramente submisso àquilo, como poderia

(35) Lacuna do texto arquivado em código.

(36) Uma era a doutrina original de Epicuro, outra a versão propalada pelos seus discípulos. Também Epicuro aceitava aferição moderadora da razão para temperar o uso dos prazeres. Aliás, Cícero, no livro *De Fine* 1, 10, 32, critica "àqueles que ignoram que a volúpia se submete à razão" ("*eos qui ratione voluptatem sequi nesciunt*").

(37) O lance final deste parágrafo merece ser, aqui, transcrito em latim: "*Tu voluptatem complecteris, ego compesco; tu voluptate frueris, ego utor; tu illam summum bonum putas, ego nec bonum; tu omnia voluptatis causa facis, ego nihil*". A sequência antitética de "*tu*" e "*ego*" reforça a divergência de posicionamentos.

(38) Tal sábio certamente é Epicuro. Logo mais, no parágrafo 12.4, Sêneca qualifica a volúpia segundo Epicuro como moderadíssima: "*voluptas illa Epicuri... sóbria ac sicca...*"

vencer o perigo, a pobreza e tantos outros incômodos da vida humana? Como tolerar a perspectiva de morte? Como enfrentar o rumor fragoroso do mundo e dos inimigos violentos, quando se dobra diante de um adversário tão débil?

11.2 Diálogo entre opositores

(Dirias:) "Faze tudo o que o prazer sugerir."

(Respondo:) "Está bem. Acontece que nem imaginas os tipos de insinuações que o prazer fará!"

(Dirás:) "Nada me aconselhará de torpe, já que tudo está conectado com a virtude."

(Respondo:) "Não vês que então o bem, para ser sumo, necessita de condutor a fim de ser um bem de verdade?

Como poderá a virtude ser o guia do prazer, se dele fazes mero acompanhante?

Assim tu colocas na retaguarda o que deveria comandar. A virtude tem um papel egrégio a desempenhar segundo teu modo de ver: ela é o pregustador do prazer!"(39)

11.3 Concepção errônea de virtude

Vejamos, agora, se a virtude tão desfigurada seria ainda virtude, já que não pode conservar o nome, quando perde a função.

A fim de elucidar, argumento. Mostrarei como muitos homens, assediados pelos prazeres e acobertados pela sorte com todos seus favores, não deixam de ser reconhecidos como indivíduos corruptos.

11.4

Vê Nomentano(40) e Apício(41) que, como eles mesmo afirmam, procuram coisas valiosas por terra e mar. Depois, sobre as mesas dos banquetes, expõem animais de todas as procedências.

Vê como eles, do alto do seu trono, ornado de rosas, contemplam

(39) A função de "pregustador de sabores", provando, com antecedência, comida ou bebida, era encargo de escravo de confiança.

(40) Cássio Nomentano gastou fortunas incalculáveis em ceias festivas, banquetes e urgias. Dele fala Horácio em sua sátira, 1.1.102 e 1.8.11.

(41) Apício Célio foi um famoso especialista em arte culinária, no tempo de Tibério. Escreveu a obra *De Re Coquinaria*, em dez livros.

a fartura dos festins, deliciando os ouvidos com músicas e cantos, os olhos com espetáculos e o paladar com gulodices.

Estão com o corpo afagado por roupas mórbidas e delicadas.

Para não deixarem as narinas inativas, impregnam o ambiente dos mais diversos tipos de perfumes.

Aí, celebram-se as luxuriosas urgias.

Podes afirmar, sim, que estão submersos nos prazeres; mas isso não é um bem para eles, já que de algo realmente bom não estão desfrutando.

12.1 A ilusão do prazer efervescente e escaldante

— "Será um mal para eles", dirias, "porque muitas coisas concorrem para perturbar a alma, sem contar as opiniões divergentes que acarretam perturbação para o espírito."

— "Até posso concordar contigo. Em todo o caso, apesar de alucinados e volúveis, e até sujeitos ao arrependimento, assim mesmo irão experimentar grandes prazeres a tal ponto que seja até previsível estarem distantes, seja da inquietude, seja do bom senso.

Como costuma acontecer, tornam-se então presas de uma alegria de trepidante festividade, a ponto de endoidecerem de tanto rir."

12.2 Os prazeres do sábio

Ao contrário, os prazeres dos sábios são sóbrios, comedidos e quase afivelados, sob medida e mal perceptíveis, porquanto sobrevêm quase de improviso. Ao se fazerem presentes, não são acolhidos com pompa nem com alegria espalhafatosa por parte de quem os recebe. É que o sábio os integra na vida qual peça de jogo ou diversão, ficando, de permeio, a coisas sérias.

12.3 Distinguir sempre prazer desregrado e virtude

Eis que devemos deixar de associar coisas incompatíveis entre si, confundindo prazeres com virtude. É com tal equívoco que se adula pessoa perversa. Quem se deixa submergir no pântano dos prazeres, sempre bêbado e vomitando, assim como tem consciência de conviver com o prazer também crê estar com virtude. Ouviu dizer que prazer e virtude são inseparáveis e, por isso, orna os vícios com nome de sabedoria, apregoando o que deveria ocultar.

12.4 O epicurismo em voga é uma interpretação errônea da doutrina genuína de Epicuro

Não é Epicuro quem os incentiva a serem dissolutos. São eles mesmos que, apegados aos vícios, escondem, no seio da filosofia, a própria devassidão, e assim precipitam-se para onde percebem lisonja aos prazeres. Não levam em apreço quanto era sóbrio e moderado o prazer segundo Epicuro (aliás, isso, por Hércules, é bem o que eu penso), mas apegam-se tão só ao nome dele, esperando encontrar justificativa e cobertura para uma vida devassa e corrupta.

12.5 A vergonha do pecado

Destarte, perderam o único bem que possuíam entre tantos males: a saber, o pudor do pecado[42]. De fato, exaltam o que os arruína, quando se avantajam em vícios. Não há sequer espaço para acordar...[43] já que foi dado um nome nobre para uma baixaria inominável. É perniciosa a exaltação do prazer voluptuoso, porque os ensinamentos nobres ficam latentes enquanto se alçam as fontes de corrupção.

13.1 Defesa de Epicuro

Eu tenho a convicção de que posso declinar, mesmo a contragosto de nossos companheiros de escola. Epicuro deu preceitos nobres e retos[44] e, se vistos mais de perto, até austeros. De fato, o prazer é reduzido a uma dimensão diminuta. Aliás, a mesma regra a qual submetemos a virtude ele impõe aos prazeres, ou seja, obedecer à natureza. Ocorre que o quanto basta para a natureza é pouco para a luxúria.

---

(42) A expressão "*peccandi verecundiam*" (pudor de pecar) é um elemento absorvido pelo magistério da teologia moral dos cristãos. Hoje, a palavra "pecado" designa defecção ético-moral que ofende o Criador.

(43) Ali, o texto original, nos códigos, apresenta lacuna. Algo se perdeu.

(44) Conferir Cícero: *De Fine*, 1,11,37.

13.2 Falsa concepção de felicidade

E agora? Há quem denomine de felicidade a inoperosidade ociosa e a troca sucessiva dos prazeres voluptuosos da gula e dos demais sentidos. Busca então um defensor poderoso para sua conduta devassa. Quando o encontra sob um nome atraente, não adota o prazer do qual ouve falar, mas, sim, aquele que já carregava consigo.

Depois, convicto de que seus vícios estão conforme aos ensinamentos, entrega-se a eles não mais de modo tímido e às escondidas, mas desbragado e sem o mínimo pudor.

13.3 Epicuro não é o pai dos vícios

Nem por isso eu diria, segundo a maioria dos nossos, que a escola de Epicuro é a mestra da perdição. Digo, sim, que está desacreditada e tem fama pejorativa, mas é injusto. Aliás, quem poderia saber disso a não ser quem foi nela um iniciado?

Neste caso, é o aspecto que dá margem a falatório frouxo e suscita falsa impressão. Assim ocorre quando um homem, pleno de virilidade, veste roupas femininas. Sua honra está intacta, sua masculinidade continua intocável, já que o corpo está isento de qualquer nódoa de despudor, porém ele está com a sineta na mão![45]

13.4 Olhar para a virtude com simpatia já é sinal de nobreza

Quem se aproxima da virtude já demonstra ter uma índole nobre. Ao contrário, quem segue o prazer é desfibrado, fraco, degenerado, propenso para o vício mais torpe, a não ser que haja quem o faça ver a distinção entre os prazeres e, assim, aprender quais deles estão dentro dos limites da necessidade natural e quais são desabridos e insaciáveis, aqueles que quanto mais atendidos mais exigentes se fazem.

(45) Os sacerdotes que serviam à deusa Cibele praticavam o celibato e vestiam vestes femininas nas cerimônias culturais e procissões de petitório. A sineta na mão era um símbolo daquela categoria. No original: *"Sed in manu tympanum est"*.

13.5 A VIRTUDE SE SOBREPÕE AO PRAZER DESREGRADO

Que a virtude tenha precedência no agir. Assim, cada passo será seguro.[46] O prazer é nocivo, quando em excesso, mas a virtude está fora do perigo de ser excessiva, porque contém em si mesma a sua medida adequada. Não poderia ser um bem aquilo que sofre de sua magnitude. Realmente, para os agraciados com uma natureza racional, o que poderia ser-lhes oferecido de melhor senão a razão mesma? Se tal conjuntura se faz gratificante, então que ambos os seus componentes tomem o caminho da vida feliz, ficando a virtude na frente e o prazer no seguimento dela, mantendo-se tão perto quanto a sombra de um corpo. No entanto, fazer da virtude (senhora por excelência) a serva do prazer é coisa de uma alma incapaz de conceber algo grandioso.[47]

14.1 A VIRTUDE ABRA E COMANDE O DESFILE DA VIDA

Que a virtude caminhe à frente e seja a que leva o estandarte. Haverá, sim, prazeres, mas podemos dominá-los e deles fazer uso moderado. Vez por outra, eles poderão até levar-nos a alguma concessão, porém nunca irão exercer poder coercitivo sobre nós.

Aqueles que colocam o prazer desregrado na dianteira da vida acabam enfrentando dois problemas: primeiro, a virtude que perdem e, depois, o prazer que os domina, em vez de ser dominado, pois a ausência dele atormenta e, quando abundante, sufoca.

Infeliz quem dele se afasta, porém muito mais infeliz quem por ele for soterrado. É como alguém surpreendido pela tempestade no mar Sírtes[48]: ou finda a seco na praia ou fica à mercê da violência das ondas.

14.2

Eis o resultado do excesso de volúpia e do amor cego por qualquer coisa. Quem prefere o mal ao bem predispõe-se a perigos, caso consiga seu desi-

(46) Este lance merece ser citado em latim: *"Agendum, virtus antecedat, tutum erit omne vestigium"*, literalmente: "Para agir, que a virtude anteceda; (assim) segura será qualquer pegada".

(47) Outra passagem digna de ser grifada na língua original: *"Virtutem quidem, excelsissimam dominam, voluptati tradere ancillam, nihil magnum animo capientis est"*.

(48) Região perigosa, nas costas da África. Ver, a propósito, Salástrio, *Ing*. 78,1. Ver também Horácio, *Odes* II, 6, 3: *"Barbaras Syrtes, ubi Maura semper aestuat unda"*. Conferir também *Bíblia*, Atos, pt. 27,17, onde se lê: "...temendo encalhar na Sirte...".

derato. Com canseira e não sem riscos, anda como que à caça de animais selvagens. Mesmo depois de capturá-los, deve ficar muito cauteloso porque, com frequência, eles devoram seus donos. Assim os grandes prazeres findam, trazendo calamidades, e quem os possui acaba dominado por eles.

14.3 Prazer dissoluto não se compra. A ele o indivíduo se vende

Parece-me de bom efeito esta imagem de caça. Como aquele que, deixando suas ocupações e outras coisas agradáveis, procura os esconderijos das feras, prazeroso em armar-lhes armadilhas enquanto fecha o cerco com os saltos explosivos dos cães no foro de rastros, assim persegue a volúpia.(49)

Ele, antepondo-o a tudo o mais, descura-se, em primeiro lugar, da liberdade. É o preço pago ao ventre, já que prazer dissoluto não se compra, mas a ele se vende.(50)

15.1 Nova objeção: por que não fundir prazer e virtude?

Tornarias a objetar: "Apesar de tudo isso, que impedimento há em fundir no mesmo conceito, de sorte que prazer e sumo bem sejam, ao mesmo tempo, tanto nobre quanto apetecível?"

Ocorre, respondo, que uma parte da honestidade não pode deixar de ser honesta. Se, em seu interior, entra algum elemento menos nobre, o bem perde algo de sua essência de íntegro.

15.2 Alegria e tranquilidade são meras consequências

Aliás, nem a alegria que deriva da virtude, ainda que seja um bem, integra a essência do bem absoluto. Assim também a alegria e a tranquilidade, ainda que se originem de causas belíssimas. É certo que elas são coisas boas, mas não constituem o sumo bem. Dele são apenas consequências.

---

(49) Adaptação de versos de Virgilio na *Georg.* 1,139-140.

(50) Em latim, este final da frase é *"nec volutates sibi emit, sed se voluptatibus vendit"*.

15.3 Defender a sorte é a pior das escravidões

Quem mistura prazer com virtude, mesmo que não em partes iguais, enfraquece o vigor que é próprio do bem e submete ao seu jugo a liberdade, que é invicta porquanto desconhece algo de mais precioso além de si mesma. De fato, se começa a ter necessidade de favor da sorte, então descamba para a pior das escravidões. Daí advém uma vida cheia de ansiedade, suspeita e trepidação. Ela fica temerosa frente aos eventos e condicionada pelas vicissitudes.

15.4 Quem anda à mercê do prazer não encontra deus

Não estás, assim, a propiciar para a virtude uma base sólida e permanente, mas a restringi-la a uma condição de instabilidade.

Que há de mais incerto que agradar eventos ocasionais, frutos de mutação de condições físicas e de circunstâncias que atuam sobre nosso corpo? Como seria possível que tal homem possa obedecer a deus(51); aceitar de bom ânimo qualquer eventualidade; não se lamentar de seu destino e encontrar o lado positivo em qualquer situação, quando até o mínimo estímulo de prazer ou de dor o descontrola?

15.5 Só a virtude atinge o pódio altíssimo de sumo bem

De mais a mais, quem se entrega aos prazeres não consegue fazer-se bom defensor ou salvador da pátria nem sequer dos amigos(52). Por conseguinte, o sumo bem deve alcançar um grau de altitude do qual nenhuma força possa fazê-lo cair de lá. A ele não tem acesso nem a dor, nem a esperança, nem o temor, enfim, nenhuma outra emoção que possa ferir o valor do sumo bem. Dele só a virtude pode aproximar-se.

15.6 A escalada áspera da virtude até o cume do sumo bem

Ela, a virtude, deverá vencer a subida, passo a passo, mantendo

(51) Merece destaque este lance: "*deo parere*"; "obedecer a deus".

(52) Princípio ético da educação cívica dos romanos: "Não ter receio de morrer em favor dos amigos caros ou da pátria!" ("*Non ille pro caris amicis aut pátria timidus perire*"). Verso extraído de Horácio (*Odes*, IV, 9, 51).

firmeza, além de suportar todos os imprevistos, não resignada e, sim, de bom grado, consciente de que as adversidades da vida são uma lei da natureza. Do mesmo modo, o bom soldado suporta os ferimentos, soma cicatrizes e, mesmo que à beira da morte, atravessado por flechas, quererá bem ao seu comandante sob o qual tomba.

15.7 A verdadeira liberdade é ser fiel a Deus

Terá sempre em mente o antigo preceito: seguir a deus![53]. Ao contrário, quem se lamenta, choraminga e entra em desespero, será constrangido a acatar ordens e ser coagido a obedecer. Que sandice é essa de deixar-se arrastar e de não caminhar, acompanhando?(54)[54] Eis, por Hércules![55], que é estupidez e falta de consciência da própria condição esse afligir-se quando algo falta ou incide de modo mais pungente.

Também ficar estupefato ou indignado em vista de coisas que ocorrem tanto para os bons como para os maus, como doença, luto, debilidades e tudo o mais de adverso na vida humana.

Saibamos então enfrentar, com ânimo forte, tudo aquilo que por lei universal devemos suportar. Eis o sacro compromisso[56] que nos vincula a suportar as coisas humanas e não se deixar perturbar por aquilo que não está ao nosso alcance evitar.

Nascemos dentro de uma monarquia, onde obedecer a deus é liberdade.[57]

16.1 Felicidade plena equivale a imitar Deus nos limites de nossa possibilidade

Eis a conclusão: a verdadeira felicidade consiste na virtude. O que essa virtude te aconselha? Ela considera bem só o que está ligado à virtude e mau o que tem conexão com a maldade. Além disso, ordena

(53) Em latim: "*Habebit illud, in animo, vetus praeceptum: deum sequere*". Era uma antiga máxima dos estoicos. Ver, a propósito, Cícero no livro *De Fine*, 3, 22. Ali se lê: "*Quaeque sunt vetera praecepta sapientum qui iubent*": "*tempori parere*" et "*sequi deum*" et "*se noscere*" et "*nihil nimis*"...: Estes os preceitos antigos dos sábios que decretam: "Obedecer ao tempo", "Seguir deus", "Conhecer a si mesmo" e "Nada em excesso".

(54) Sêneca, na Carta 107,11, faz menção aos versos de Cleante, discípulo de Zénão de Cizio, fundador da escola estoica: "Os fatos conduzem os que aceitam; arrastam os recalcitrantes" ("*Ducunt volentem fata; nolentem trahunt*").

(55) "Por Hércules!" corresponde ao nosso modo de falar: "Por Deus!".

(56) Aqui, uma palavra de grande relevância na teologia católica: "*Saeramentum*", "*Sacrum Mentum*", mas significando "juramento". "*Mentum*": mento, queixo, barba. Conferir Virgílio, *En.* 6, 809.

(57) Outro lance digno de ser registrado em latim: "*In regno nati sumus: deo parere libertas est*".

que sejas inabalável, quer em face do mal, quer junto ao bem, de sorte que assim possas imitar deus dentro dos limites de tua capacidade.[58]

16.2 O prêmio da vida honesta

Que prêmio advém desse empreendimento? Privilégios grandiosos e dignos de deuses.[59]

Não serás constrangido a nada. Não terás necessidade de nada. Serás livre, seguro e intocável. Nada tentarás realizar em vão. Tudo caminhará conforme teu desejo. Nada te será adverso nem contrário a teus intentos, a tua vontade.

16.3 Bastaria a virtude para alcançar a felicidade?

– "Bastaria" – poderias perguntar – "a virtude para sermos felizes?"

– "Perfeita e divina como ela é, por que então não seria suficiente, ou melhor, mais que suficiente? Que poderia faltar naquilo que se situa além de qualquer desejo? Quem, ao contrário, ainda não atingiu a meta final da virtude, mesmo que já tenha feito longa caminhada, necessita, sim, dos favores da sorte, porquanto ainda labuta em meio às contingências humanas, sem ainda ter conseguido desatar o nó de tantos óbices da mortalidade."[60]

16.4 Conclusão: os graus de perfeição ético-moral

Qual a novidade, então?!

É que, enquanto alguns estão algemados, outros jugulados e alguns garroteados, quem galga o altiplano da virtude sente as algemas afrouxadas. Não está ainda livre, mas já preliba a soltura.[61]

---

(58) A expressão latina *"ut qua fast est"* significa: o que é permitido por direito divino. Equivale à capacidade de cada ser. É admirável que Sêneca, um pagão, qualifique o agir humano como "imitação de deus": *"Deum effingas"*. Aqui, ele usa o verbo *effingere* que significa reproduzir, copiar, figurar.

(59) Como recompensa pela vida honesta Sêneca aponta: *"Ingerentia et aequa divinis"*. Em inglês dir-se-ia: *"Mighty privileges and equal to the divine"*. No italiano: *"Privilegi grandi e desideri degli dei"*. Logo mais, a teologia bíblica iria demonstrar que o sumo bem é o próprio deus. Pelo visto, Sêneca acena, inconscientemente, para o destino sobrenatural do ser humano, na perspectiva cristã.

(60) Na árdua escalada para a perfeição moral, o pagão Sêneca conta apenas com os recursos precários da sorte; *"Opus est aliqua fortunae indulgentia"*. A teologia cristã vai, dentro em breve, descortinar os recursos da graça divina.

(61) Sêneca distingue entre o sábio perfeito e consumado e o sábio em crescimento de perfeição: *"in fieri"*, "em vir a ser". Ver, a propósito, as Cartas 42, 72, 75, etc. Segundo Sêneca, é digno de respeito todo aquele que tende a alcançar a sabedoria, ainda que não seja de todo perfeito ou sábio.

Parte II

Já na abertura, Sêneca é acusado de não ser coerente com sua pregação filosófica. Ele diz uma coisa, mas vive diferentemente.

O objetante lhe saca diversas e ferinas acusações.

Sêneca, serenamente, acolhe as invectivas e responde, com firmeza, dando sem titubear uma lição de humildade, porque é constrangido a trazer para o foro externo assuntos secretíssimos do foro interno.

Nesse diálogo franco com seus opositores, Sêneca disserta sobre a função que os bens materiais desempenham como recursos de utilidade na conquista da virtude.

Deixa, outrossim, bem claro que, seja na riqueza, seja na pobreza, a dignidade do ser humano depende do seu grau de virtude moral. Daí lhe advém a felicidade existencial.

Quanto a sua pessoa, Sêneca se considera um aprendiz na arte do sumo bem.

17. *Sêneca é acusado de falsário. Ele prega no púlpito da vida o que não vive na intimidade. Acolhendo, com humildade a crítica, ele responde e faz novos aprofundamentos sobre o tema*

17.1 A propósito, alguém dentre os que ladram contra a filosofia repetirá o refrão consueto: "Por que há mais coragem em teus discursos do quem em tua vida? Por que moderas o tom de tua voz perante os poderosos e consideras o dinheiro como algo necessário? Por que te deixas abater diante das contrariedades? Por que choras a morte da esposa e de um amigo? Por que te apegas à fama do teu nome, mostrando-te avesso às palavras maldosas?

17.2 Por que tuas terras produzem mais do que o necessário para teu sustento? Por que tuas refeições não refletem tuas teorias? Por que tens essas mobílias de luxo? Por que, em tua casa, bebe-se vinho mais velho do que o dono? Por que construir um aviário? Por que plantas árvores só para desfrutar de suas sombras? Por que tua mulher prende na orelha um valor igual ao dote de uma família opulenta? Por que teus escravos jovens carregam vestes tão elegantes? Por que, em tua casa, servir à mesa é uma obra de arte – porquanto, ali, os talheres de prata, como sói acontecer, têm manejo sofisticado, sendo que para talhar a carne até existe um perito?"

Se quiseres, poder-se-ia acrescentar o seguinte: Por que possuir propriedades no além mar e nem sequer saber quantas são elas?

Veja! Que vergonha!

Por que és tão desatento a ponto de não conhecer os poucos escravos que tens ou tão rico que perdes a conta de quantos sejam eles?[62]

17.3 Mais tarde, eu te ajudarei, fazendo o elenco dos meus defeitos – que, aliás, nem imaginas quais sejam. Agora, me limito a responder o seguinte: não sou sábio; e, para me entregar ao sabor de tua maledicência, acrescento: nem sábio serei.[63]"

Eis o que podes cobrar de mim: não que eu esteja no nível dos melhores, mas, sim, que eu seja ao menos o melhor dentre os piores(64)[64]. A mim me basta que, a cada dia, eu faça uma poda em meus vícios e exprobre meus erros.

17.4 Não estou curado nem ficarei de todo sadio. Tomo mais lenitivo que remédio para o mal de gota, dando-me por feliz se os ataques são menos frequentes e as dores menos atrozes. Seja como for, comparado com tua marcha, eu, embora débil, ainda assim sou um corredor.[65]

Não é por mim que profiro tais coisas, já que estou submerso num mar de vícios, e, sim, por quem já alcançou algum sucesso.

---

(62) Sobre a riqueza extraordinária de Sêneca, ver Tácito, *Ann.* 13,42 e Dione Cássio, 61, 10.

(63) Ver a nota 61.

(64) Seja o texto latino: *"Exige itaque a me, non ut optimus par sim, sed ut malis melior"*.

(65) Encanta a humildade de Sêneca. Ele reconhece em público seus limites éticos, mas não perde a ocasião de escarnecer o opositor.

18.1 Ressoa a mesma objeção: falas de um modo e vives de outro

Dirias: "falas de um modo e ages de outro."

Essas mesmas invectivas, ó espíritos exalantes de malignidade e estonteantes de agressão, a todo indivíduo de exímia virtude também foram assacadas, como Platão, Epicuro e Zenão. Eles também não queriam apregoar o modo como viviam e, sim, como se deve viver. Eis porque falo não de mim e, sim, da vida virtuosa em si. Quando recrimino os vícios, em primeiro lugar, estou a reprovar os meus próprios. Assim que me for possível, viverei como se deve.

18.2 Lição de humildade e de idealismo ético

Não será a vossa venenosa maldade a dissuadir-me dos elevados objetivos nem o veneno, que borrifais sobre os outros e que a vós mesmos mata, a impedir-me de continuar a louvar não a vida que levo e, sim, aquela que deveria levar. Também não me impossibilita prestigiar a virtude e segui-la, mesmo que me arrastando e de longe.

18.3 Outros filósofos sofreram idênticas críticas

Iria esperar que eu escapasse ileso da maldade que não poupou a sacralidade de Rutílio e de Catão?(66)[66]

Que vantagem teria eu de não parecer rico, quando pensam que Demétrio[67], o cínico, não era bastante pobre? Mesmo um homem como ele, tão resoluto na luta contra as exigências naturais, sendo o mais pobre de todos os cínicos – já que além de privar-se das posses, ele se abstinha de pedir –, atrevem esses difamadores a dizer que ele não era suficientemente pobre!

Então pensa, agora, por tua cabeça: ele, Demétrio, não professou a ciência da virtude e, sim, da indigência!

---

(66) Rutílio Rufo (160 - 77 a.C.) foi indivíduo insigne pela integridade de costumes. Era adepto do estoicismo. Ver Cartas de Sêneca: 24, 4; 79, 14 e 82, 11-13.

(67) Demétrio era da escola cínica. Sêneca, seguidamente, refere o nome dele.

19.1 O suicídio de um filósofo desconhecido

A respeito de Diodoro, o filósofo epicurista que se suicidou dias atrás, dizem que, ao cortar a veia do pescoço, não respeitou os ensinamentos de Epicuro(68). Uns pensam ter sido uma demência e outros, uma temeridade. Ele, ao contrário, feliz, de consciência tranquila, deixou com a vida seu testemunho sobre a tranquilidade de toda uma existência transcorrida na ancoragem dentro do porto. Ele pronunciou uma sentença que se ouve contrariado, porque soa como convite para imitá-lo: "Eu vivi. Fiz a caminhada que o destino me traçou.(69)"

19.2 Os críticos da virtude e o cão ladrador

Estais a detratar ora a vida de um ora a morte de outro. Quando ouves a notícia da morte de alguém de grande mérito, ladrais como cãozinho que vai ao encontro de estranho. Interessa sim, para vós, que ninguém viva como bom, já que a virtude alheia exprobra os vossos delitos. Por inveja, comparais o adorno brilhante deles com vossas vestes sórdidas e não avalias quanto isso acarreta de prejuízo para vós mesmos.

Se homens devotados à virtude são avaros dissolutos e ambiciosos, que coisa sois vós que não suportais a virtude a ponto de não aguentardes sequer ouvir o nome dela?

19.3 Os honestos pagam na cruz, onde os corruptos os pregam

Afirmais que nenhum daqueles concretiza o que prega, não vivendo em conformidade com a própria doutrina. Mesmo que fosse verdade, porventura as palavras deles deixariam de ser heroicas, grandiosas e superiores a todas as vicissitudes humanas? Ainda que não consigam livrar-se das cruzes, onde gravais os pregos, mesmo assim, quando conduzidos ao suplício, cada uma deles fica dependurado no próprio madeiro.(70)

---

(68) Epicuro não proíbe o suicídio ao sábio. Ver Lucrécio *De Rer. Nato*, 3, 929-41. Ver também Cícero, *De Fine*, 1, 19. Sêneca e outros estoicos fazem do suicídio apologia aberta.

(69) O verso é extraído de Virgílio, *Eneida*, v. 653. No original, lê-se: "*Vixi et quem dederat cursum fortuna peregi*". Ver Carta de Sêneca 12, 9 e *De Benef.* 5, 17.

(70) Sêneca emprega metáforas para descrever os inimigos dos que cultivam a virtude e a honestidade.

Ao contrário, aqueles que punem a si mesmos terão tantas cruzes quantas paixões. De fato, os maldizentes se enfeitam com as ofensas aos outros.

Creria até que estariam isentos de culpa, se não fosse o fato de alguns, do alto de patíbulo, escarrarem sobre os expectadores.

20.1 Persiste a objeção: os filósofos não praticam o que pregam

"Os filósofos não fazem o que dizem." Verdade que já fazem muito, quando falam e pensam honestamente. Aliás, se o comportamento deles estivesse adequado à altura das suas palavras, quem seria mais feliz do que o filósofo?

Nem por isso são desprezíveis palavras boas e alma repleta de intenções corretas. Cultivar predisposições benéficas já é algo de louvável, independentemente do resultado.

20.2 Nem todos são consumados na perfeição

Não é de estranhar que não consiga atingir o cume quem tenta uma escalada difícil. Se fores humano, então, olha com respeito aquele que empreende subida árdua ainda quando fracassa.

Um ânimo forte, sem contar com as próprias forças, mas com aquelas que a natureza lhe pode fornecer, cuida de olhar para o alto e conceber projetos mais elevados do que os possíveis, mesmo para indivíduo de ânimo grandioso.

20.3 O projeto de vida ética

Quem a si mesmo propõe: "olharei a morte com o mesmo ânimo com que tenho ouvido falar dela; suportarei qualquer fadiga com fortaleza; desprezarei riquezas, quer as atuais, quer as futuras, sem ficar mais triste ou mais soberbo se elas brilham ao meu redor ou lá longe; serei insensível aos caprichos da sorte venturosa ou desafortunada; contemplarei todas as terras como se minhas fossem e as minhas como se a todos pertencessem; viverei na convicção de ter nascido para os outros e agradeço à natureza por causa disso."

20.4 A lei do amor solidário

Ela, a natureza, não poderia ter agido de forma mais perfeita a meu favor, já que me entregou a todos meus semelhantes e, por sua vez, todos só para mim.

Se algo tenho de meu, guardarei sem avareza, mas também não esbanjarei prodigamente. Creio ser realmente dono daquilo que doei de modo consciente. Não avalio os benefícios pelo número e peso, mas pela estima que tenho por quem os recebe. Nunca será demais o que posso dar a quem o merece. Tudo farei sob o imperativo da consciência, sem submeter-me à opinião alheia. Mesmo que seja apenas eu a saber o que faço, agirei como se todos me vissem.

20.5 Receitas da moral equilibrada

Comerei e beberei somente para atender à necessidade natural e não para encher e esvaziar o estômago. Serei afável com os amigos e manso, pleno de indulgência, com os inimigos.

Atenderei antes de solicitado e adiantar-me-ei a toda petição honesta.

Sei que minha pátria é o mundo e que os deuses o presidem, estando eles acima de mim e ao derredor, quais censores de meus atos e de minhas palavras.

Quando a natureza reclamar a posse de minha alma ou a razão decretar que eu a libere, eu parto, podendo dizer que sempre amei a retidão de consciência e os nobres intentos, sem nunca ter coartada a liberdade de ninguém e muitos menos a minha.

20.6 A caminho para o céu

Quem se propõe a tais objetivos, almejando alcançá-los com todo o seu empenho, percorrerá a estrada que leva aos deuses.[71] Se não atingir a meta, então terá sucumbido em meio de grandioso empreendimento.[72]

(71) Em latim: "*ad deos iter faciet*".

(72) Ver Ovídio, *Met.*, 2, 328: "*Magnis tamen excidit ausis*".

20.7 Os críticos maldosos temem a luz da verdade

Vós que odiais a virtude e quem a cultiva, nada de novo estais fazendo. De igual modo, quem possui algum problema na vista não suporta a luz, como os animais noturnos evitam o esplendor do sol. Apenas desponta a luz do dia, correm para seus esconderijos e, por medo da claridade, refugiam-se em qualquer buraco.

Gemei e gritai, soltando e língua maldosa contra os bons; escancarai a boca e mordei. Então, bem mais rápido quebrareis os vossos dentes sem deixarem marca.

21.1 Nova objeção: a tentação da riqueza e outras contradições

"Como aquele tal é dedicado à filosofia e, ao mesmo tempo, tão rico? Por que apregoa que se devem desprezar os bens materiais, mas é possuidor deles? Por que julga que a vida é desprezível, porém persiste em viver? Despreza a saúde, no entanto, cuida de preservá-la, com carinho, almejando tê-la em perfeição? Por que qualifica exílio como palavra absurda e diz: 'que mal existe em mudar de país?'. Isso não obstante, sendo-lhe possível, acaba envelhecido em sua própria pátria.[73]

Além de tudo isso, assegura não existir diferença entre vida longa e vida breve; no entanto, se nada o impede, cuida de viver a mais longa existência possível e manter-se, com vigor e serenidade, até a mais avançada velhice."

21.2 Não amor à riqueza...

Ele assegura que essas coisas são desprezíveis, não no sentido de que não devam ser possuídas e, sim, que devam ser tidas sem ansiedade.

Assim, não as lança fora, mas, ocorrendo a perda delas, persiste na caminhada, tranquilamente.

De outro lado, onde a sorte acolhe com maior segurança as suas riquezas senão de onde poderá retomá-las sem embaraço de retorno?

(73) Sêneca acena para sua experiência de vida. Ele foi, no passado, exilado para Córsega. Ali, residiu durante sete anos. Retornou a Roma para assumir o encargo de professor de Nero.

21.3 A riqueza, sob o controle da razão, favorece a vida virtuosa

Marco Catão, embora louvasse Cúrio e Coruncânio[74], bem naqueles tempos em que possuir um pouco de prata já era crime punível pelos sensores, tinha seus quarenta e quatro milhões de sestécios. Valor esse inferior aos de Crasso, mas superior ao de Catão, o Censor[75]. Fazendo uma comparação, ele tinha superado seu bisavô em medida mais elevada em relação a quanto Crasso o superava. Apesar disso tudo, se lhe calhasse entrar na posse de outros bens, certamente não se teria furtado a tal oportunidade.

21.4 Riqueza é meio e não fim da vida

De fato, o sábio não descrê da possibilidade de ser agraciado pelos dons da sorte. Não ama a riqueza. Antes, aceita-a de boa vontade. Permite que ela entre em sua casa sem repulsa e acolhe-a desde que ela enseje maiores oportunidades para a virtude.

22.1 Os bens materiais propiciam condições favoráveis à prática da virtude. A riqueza condiciona, mas não determina

Realmente, não resta dúvida que ao sábio se apresentam maiores oportunidades de desenvolver suas aptidões na riqueza do que na pobreza. Na pobreza, a única virtude consiste em não cair em abatimento nem em desalento. Na riqueza, há espaço para a temperança, a generosidade, a diligência, a organização e a magnificência com total largueza.

22.2 O sábio é consciente do seu valor específico

O sábio não tem pouca estima de si caso seja de baixa estatura, embora desejasse ser mais alto. Se for de porte franzino fisicamente ou carente de um olho, assim mesmo manterá a consciência do seu

(74) Cúrio, exímio general que venceu os Sarritas, Sabinos e Pirros. Era também modelo social de virtude. Tibério Coruncânio foi o primeiro sumo pontífice de origem plebéia.

(75) Catão, o Censor (234-149) famoso pela integridade ética. Era o bisavô do célebre Catão Uticense.

valor, preferindo, sim, que fosse robusto, mas sem esquecer de que dentro de si existe algo de mais valioso.

22.3 O SÁBIO APRECIA O QUE É BOM NAS COISAS, MAS NÃO SE SUBMETE A ELAS

Suportará a doença, mas desejará ter saúde. Há, com efeito, muitas coisas, mesmo quando no seu conjunto resultem de pouca monta, que podem vir a faltar sem prejuízo do bem principal, muito embora propiciem certa vantagem para a serenidade duradoura de procedência virtuosa.

Assim, as riquezas são agradáveis para o sábio tal como o vento é favorável aos navegantes ou uma jornada de sol em meio ao frio do inverno.

22.4 OS BENS MATERIAIS TÊM VALOR RELATIVO

Nenhum dentre os sábios (entendo os nossos sábios aqueles para os quais a virtude é o único bem de verdade) sustenta que tais vantagens, agora classificadas como indiferentes, não tenham lá o seu valor próprio. Também não nega que umas sejam preferíveis a outras, já que a algumas delas é dado certo valor e a outras, muito mais. Não te enganes, portanto. As riquezas figuram entre as preferidas.

22.5 O VALOR DA RIQUEZA TAMBÉM É RELATIVO

Dirias então: "por que me escarneces, se para ti elas têm o mesmo valor que para mim?"

– "Queres então saber que o valor não é assim tão idêntico? Para mim, se minhas riquezas se desvanecessem, não reduzem a nada a não ser a elas mesmas. Tu, ao contrário, ficarás estonteado, sentindo-te como que privado de ti mesmo, caso elas te abandonassem.

Para mim as riquezas têm uma certa importância. Para ti, uma grandíssima. Enfim, as riquezas pertencem a mim, mas, no teu caso, tu és que pertences a elas."

23.1 O FILÓSOFO NÃO ESTÁ PROIBIDO DE TER POSSES

Acaba com essa de proibir aos filósofos o direito de possuir dinheiro. Ninguém condenou a sabedoria à pobreza.

O filósofo poderá possuir grandes riquezas, desde que não sejam roubadas, manchadas de sangue, fruto de injustiças e lucro sujo. As saídas sejam tão limpas como as entradas de modo que ninguém, salvo os maldosos, poderiam levantar críticas.

Pode acumular quanto quiser. São bens limpos porque não existe ninguém que possa reivindicá-los, embora não falte quem queira tomá-los.

23.2 Rico, mas honesto

Certamente, o sábio não menospreza o favor da sorte, não se vangloria nem se envergonha de um patrimônio adquirido honestamente.

Terá, sim, motivo de glória, se, aberta a casa e convidada toda a cidade para ver seus bens, puder dizer: "se um de vós descobre, aí, algo de seu, pode levar embora."

Grande será o homem e honradamente rico se, depois de tal convite, ainda possuir o que possuía!

Quero dizer que, se na tranquilidade e sem preocupação, permitiu ao povo investigá-lo, sendo que ninguém nada encontrou para reivindicar, então poderá ser rico com orgulho e de cabeça levantada.

23.3 Riqueza como fruto da virtude

O sábio não deixará entrar em sua casa dinheiro suspeito, mas, com o mesmo critério, não rejeitará, por certo, as riquezas, mesmo grandes, quando fruto da sorte e produto da virtude.

Por que privá-las de um digno acolhimento? Que venham. Serão bem aceitas.

Não fará ostentação, mas também não esconderá em seu seio um grande valor, nem, como já disse, jogará fora de casa. Se o primeiro gesto é tolice, o segundo é mesquinhez e pusilanimidade.

23.4 Saber administrar a riqueza

Que lhes diria ele? "Vocês são inúteis ou, talvez, eu é que não saiba administrar riqueza?" De fato, tal como podendo fazer um percurso a pé ele prefira fazê-lo por meio de uma carruagem, assim também se for capaz de ficar rico, vai preferir sê-lo realmente.

Assim possuirá uma fortuna, mas consciente que ela é algo inconstante e volúvel e, por isso, não permitirá que seja peso nem para os outros nem para si mesmo.

23.5 Ser generoso com critério

Ele dará... E não precisa arregalar os olhos! Nada de estender a mão! Será, sim, dadivoso em relação a quem é digno ou com quem é dotado de potencial para vir a sê-lo, sabendo escolher, com o máximo cuidado, os mais merecedores, já que sabe que deve prestar conta, seja das entradas, seja das saídas.

Será generoso nas ocasiões certas, pois donativo errado é favor inútil. Terá bolsa aberta, mas não furada, de onde muito sai sem esbanjamento.(76)

24.1 Fazer benefício de modo criterioso

Erra quem pensa que fazer doação é coisa fácil. Pelo contrário, apresenta sérias dificuldades, posto que se proceda de modo sensato e não por ímpeto ocasional ou por instinto.(77)[77] A um dou crédito, com outro fico em débito; àquele faço favores; a esse outro tenho compaixão. Dou ajuda a quem não merece passar fome a ponto de perder a cabeça. A outro ainda sequer darei um vintém, mesmo que necessitado, já que, por mais que receba, sempre lhe falta por receber.

24.2 Doação é o melhor dos investimentos

A alguns me limito a oferecer, enquanto para outros tenho que persuadi-los a receber.

Nessa matéria, não posso ser desatento porque, ao doar, faço o melhor dos investimentos.

Dirás então: "Tu dais para receber algo de volta?"

Respondo: "Eu dou para não perder. O que for doado deve ficar num lugar de onde não deva ser reclamado, mas possa ser devolvido."

O benefício tratado qual tesouro, que fica cuidadosamente guardado e seja só desenterrado, quando necessário for.

(76) Isso é amplamente tratado no livro *Os benefícios*.

(77) Ver *De Benef.* 1, 15.

24.3 Onde estiver um ser humano carente, aí impera o preceito da liberalidade

Aliás, residência de gente rica oferece muito recurso para beneficência. Quem iria dizer que devemos ser generosos só com pessoas de classe alta? A natureza me manda fazer o bem aos homens, sejam eles escravos ou livres, assim nascidos ou não. Que diferença há, se é uma liberdade legal ou concedida por amizade? Onde há um ser humano, aí, há possibilidade de fazer o bem.[78]

Também se pode fazer doação em dinheiro, no interior do lar, e, aí, praticar liberalidade – que tal se chama não porque voltada para indivíduos livres e, sim porque praticada por um ânimo livre.

24.4 A sabedoria tem seus graus

Não há motivo para ouvires, de má vontade, as palavras fortes e corajosas de quem se pauta pela sabedoria.

Estejas bem atento: uma coisa é empenhar-se em ser sábio e outra, sê-lo de fato.[79]

Aquele indivíduo poderia até dizer assim: "Falo bem, mas ainda estou envolvido em muitos vícios".

Não me podes colocar em choque com meus princípios se faço o máximo do meu possível, cuido de melhorar e aspiro a um ideal realmente grandioso.

Só depois de ter feito os progressos intentados é que poderias exigir o confronto entre o que falo e o que concretizo.

24.5 A fala de quem já alcançou o cume da perfeição moral

Contrariamente, quem já chegou ao cume da perfeição falaria assim: "Antes do mais, não podes emitir juízo sobre quem é melhor do que tu."

Quanto a mim, sendo malvisto pelos maus, isso já é sinal de que estou na linha justa.

---

(78) Em latim: *"Ubi cumque homo est, ibi benefici lócus est."* Também Tácito (*Ann*, 15,62) fala da generosidade de Sêneca ao falar dos momentos finais da vida do filósofo. O senso humanitário de Sêneca aproxima-o bastante de perfil do "homem-caridade" de Cristo.

(79) Esta distinção entre graus de crescimento na senda perfeição moral, Sêneca evidencia no capítulo 16, acima.

Para dar-te uma explicação que, aliás, a ninguém pode ser negada, escuta o que vou dizer e qual o apreço que tenho pelas coisas em questão.

Afirmo que as riquezas não são coisas boas em si mesmas. Se realmente fossem, então elas nos tornariam bons. Não consigo definir como coisa boa em si aquilo que integra também a vida de indivíduos maus.

De outro lado, estou convencido de que possuí-las seja lícito e útil, já que melhora a qualidade da vida.

25.1 A felicidade e a honra independem de bens materiais

Ouve, agora, porque não incluo as riquezas entre os bens e porque meu agir em relação a elas é muito diverso do vosso, embora seja pacífico para todos que é preciso possuí-las.

Instalai-me numa casa transbordante de luxo, onde não se distingue o ouro da prata. Nem por isso suspeitaria valer mais, pois essas coisas, embora junto de mim, estão, no entanto fora de mim. Depois, tirai-me dali, alojando-me[80] sob a ponte Sublício[81], em meio dos miseráveis. Nem por isso pensarei valer menos, só porque estou entre aqueles que estendem a mão para a esmola.

Então, que coisa muda? Eles não têm um pedaço de pão, mas não lhes falta o direito de viver.

E daí? Seja como for, prefiro uma casa esplêndida a uma ponte.

25.2 No luxo ou na pobreza, eu sou eu

Circunda-me de móveis suntuosos, de arranjos de luxo. Não é por isso que serei mais afortunado, nem porque possa estar assentado sobre almofada macia ou estender tapetes de púrpura sob os pés dos meus convidados. Troca meu colchão e não serei mais infeliz, se puder distender os membros cansados sobre um pouco de feno ou dormir sobre uma almofada de circo com o estofado desgastado devido à velhice da costura.

Também, aqui, prefiro apresentar-me vestido com a pretexta[82] e agasalhado e não ter os ombros descobertos ou meio despidos.

---

(80) As riquezas podem estar em volta do homem sábio; todavia, ficam de fora (extra), sem lhe comprometer a interioridade ético-moral.

(81) Na época em que o tradutor deste livro de Sêneca estudava em Roma, ele visitava os pobres que ainda, hoje, residem sob uma das pontes na parte romana do rio Tibre.

(82) Toga branca com bordas de púrpura que os magistrados usavam em cerimônias públicas.

25.3 Antes moderar o prazer que aliviar a dor

Vamos supor que todos os meus dias transcorram segundo minhas expectativas, sendo que sempre novas felicitações sucedam às anteriores. Não é por isso eu irei comprazer a mim mesmo.

Que essa situação favorável sofra mudança ou que meu ânimo seja atormentado de todos os lados por desgraça, lutos e adversidade de qualquer gênero, de modo que cada momento seja motivo de choro, nem por isso pensarei estar infeliz. Mesmo submergido em tanta desgraça, não irei amaldiçoar um dia sequer de minha vida.

Eu predisponho meu espírito de modo que nenhum o dia seja funesto para mim. Que significa tudo isso? Quer dizer que prefiro moderar o prazer a aliviar a dor!

25.4 Nunca deixarei de ser o mesmo ente

Sócrates diria o seguinte para ti: "Imagina que eu seja o maior de todos os vencedores, enquanto o elegante carro de Líber me leva em triunfo do Oriente até Tebas. Imagina todos os reis, dirigindo a mim suas consultas[83]. Não é por isso eu me esquecerei que apenas sou um homem, mesmo quando exaltado como um deus."

De um golpe, qualquer desgraça pode precipitar-me de tanta altura e então serei carregado qual ornamento em carro alheio, para o desfile daquele vencedor soberbo e feroz.

Não obstante, não me sentirei menos dentro do carro alheio do que quando em pé, no meu, em triunfo!

25.5 Antes alegria que tristeza

E daí?

Assim mesmo, prefiro vencer a ser vencido. Desprezo a sorte com todas minhas forças, mas, se me for dado escolher, escolherei o que me for melhor. Seja lá o que ocorrer, será um bem para mim; todavia, será melhor se for um evento alegre e plausível que não provoque o menor distúrbio.

Certamente, não verás existir virtude nenhuma sem fadiga; no en-

(83) Sobre a riqueza incomum de Sêneca, ver *Ad Helv.* 5, 4.

tanto, em relação a algumas, é mister o uso de esporas e em relação a outras, o freio.

25.6 Há virtude para cada situação

Do mesmo modo como o corpo, num declive, deve ser retido e na subida impulsionado, assim também há virtudes para a descida e outras para a escalada.

Haveria dúvida que a constância, a tenacidade, a perseverança impliquem fadiga, esforço e resistência como qualquer outra virtude que se opõe às adversidades, tentando reverter a sorte? De outro lado, não é evidente que a liberalidade, a temperança e a mansidão caminham em disparada?

25.7 Na pobreza, coragem; na riqueza, cautela

Aqui, temos que frear o ânimo para não resvalar; ali, empurrá-lo e, acolá, incentivá-lo com vigor.

Assim, na pobreza, devemos usar virtudes aptas para lutar, com vigor; na riqueza, aquelas mais cautelosas, que controlam os movimentos e mantém seu equilíbrio.

25.8 Entender bem antes de criticar

Fixada tal diferença, eu prefiro lidar com aquelas que podem ser cultivadas na tranquilidade ao invés de administrar aquelas que exigem suor e sangue.

Em suma, proclama o sábio: "Não sou eu que falo de um modo e vivo de outro. Sois vós que entendeis uma coisa por outra. Estais a ouvir palavras que chegam aos ouvidos. O que significam não procurais entender."

26.1 Réplica final do objetante

"Que diferença há, então, entre mim, tresloucado, e ti, sábio, já que nós dois almejamos posses?"

"Enorme: as riquezas estão a serviço do sábio, enquanto comandam o louco. O sábio nada permite às riquezas; ela a vós tudo permite. Vós, como se alguém vos tivesse garantido posse eterna, ficais presos a elas qual vínculo habitual; o sábio pensa na pobreza, precisamente, quando está instalado na riqueza."

26.2 Vigilância sempre

Nunca um general confia na paz a ponto de descurar a vigilância e a prontidão para guerrear. Mesmo sem combate, a guerra persiste declarada.[84]

Para vós, basta uma bela casa para tornar-vos arrogante como se ela não pudesse ser incendiada ou desmoronar.

A riqueza vos embriaga porque pensais que ela pode superar qualquer obstáculo e que a sorte não tenha armas para aniquilá-la.

26.3 A riqueza do sábio ninguém consegue roubar

Ficais brincando, despreocupados, em meio à riqueza, sem o menor pressentimento de perigo que ela propicia. De igual modo, os bárbaros assediados, desconhecendo a utilidade das máquinas de guerra, olham indiferentes toda aquela fadiga dos inimigos e não entendem para que servem aquelas armações feitas à distância.

O mesmo vos acontece. Ficais envaidecidos com vossos haveres e não pensais nas tantas desventuras que os ameaçam de todos os lados. Elas se preparam para arrebatar a presa preciosa.

Qualquer um pode roubar a riqueza do homem sábio, mas não lhe pode tirar os seus bens verdadeiros, porque ele vive alegre no presente e despreocupado com o futuro.

26.4 Independência em face do juízo alheio

Dizia Sócrates, autoridade máxima em questão de vicissitudes humanas: "Estou bem convicto. O meu agir não pode ser condicionado pelo vosso modo de julgar. Atirai contra mim vossas exarcebações. Não pensarei que estou sendo injuriado, pois estais a emitir vagidos como crianças desnutridas."

(84) A prudência decreta o estado de vigilância permanente, mesmo na bonança.

26.5 O sábio faz da critica aos vícios uma missão

Assim falará quem atingiu a sabedoria porque, livre dos vícios, sente-se impulsionado a criticar os outros não por raiva e, sim, por bem. E acrescentará: "Vossas críticas me abalam não porque sou alvejado e, sim, por causa de vós, que continuais a imprecar contra a virtude como inimigos dela, então para vós não resta nenhuma esperança de emenda."

A mim não causais afronta nenhuma. De fato, quem destrói os altares nem sequer aos deuses ofende, mas fica evidente sua má intenção mesmo ali, onde não consegue provocar dano nenhum.

26.6 As fantasias poéticas sobre Júpiter

Tolero vossas tolices tal como Júpiter Ótimo Máximo tolera as fantasias dos poetas: um lhe dá asas; outro, coroa; outro o representa como adúltero que vaga pelas noites adentro; outro o faz implacável com os deuses; outro, iníquo com os homens; e ainda há quem o faz sequestrador dos homens livres e até de seus familiares; outro, enfim, parricida e usurpador do reino paterno.

A crer nisso, os deuses nada fizeram senão tirar dos homens o pudor do pecado.[85]

26.7 Respeito aos deuses

Ainda que isso não me atinja, quero advertir para vosso proveito: "Olhai, com admiração, a virtude; confiai naqueles que, depois de a seguirem ao longo da vida, asseguram tratar de algo muito relevante que sempre ganha novas dimensões de grandeza.

Venerai-a como aos deuses. Venerai seus oráculos[86] como sacerdotes. Sempre que forem referidos textos sacros, fazei silêncio respeitoso para ouvir."[87]

(85) O vocábulo latino *peccare* seria, logo mais, assimilado pelo linguajar da teologia moral do cristianismo. A locução "pudor do pecado" (*pudor peccandi*) retorna com frequência nos escritos de Sêneca e de Epíteto.

(86) "*Et ipsam ut deos ac professores eius ut antistites colite*": "A ela como aos deuses e aos seus oráculos quais sacerdotes, venerai." O termo "professor" correspondia ao significado de oráculo, isto é, quem fala em nome de uma divindade e, por isso, está a serviço dela.

(87) Essa maneira de falar ("guardar silêncio", "*favere liguis*") não seja entendida tal como muitos

26.8 A força do fanatismo comunitário

Quando alguém agita o sistro e apregoa, sob encomenda, frivolidades mentirosas; quando o impostor finge estar ferindo seus membros e apenas fere, de leve, os braços e os ombros; quando uma mulher arrasta-se pelas ruas, de joelhos, gritando; quando um velho enfeitado de linho e louro, com uma lanterna na mão, em pleno dia, grita, dizendo que algum deus está irritado; então vós acorreis e estais dispostos a jurar que se trata de indivíduos inspirados pelos deuses. Aas, assim procedendo, vós estais insuflando um recíproco atordoamento.[88]

27.1 Brigar contra os céus é dar murro em ponta de faca

Eis que Sócrates, do cárcere que ele purificou com seu ingresso, tornando-o mais honrável do que qualquer Cúria, proclama: "que furor esse tão inimigo dos deuses e dos homens, que difama a virtude, profanando, com palavras malignas, coisas tão sacras? Se podeis, louvai as pessoas valiosas; caso não, ignorai. Se vos agrada demonstrar insolente sem-vergonhice, que então trateis de agredir-vos mutuamente. Quando vos enfureceis contra o céu, não digo que cometeis impiedade e, sim, que labutais em vão."

27.2 Eu também fui alvo de irrisão

Eu mesmo, de certa feita, fui escarnecido por Aristófanes. Todo aquele bando de poetas satíricos me enlameou com suas tiradas venenosas, mas minha virtude conquistou esplendor próprio, graças aos golpes com que tentaram desfigurá-la. Foi-lhe vantajoso ser posta à mostra e provada. Ninguém entendeu o valor dela como aqueles que, ao agredi-la, sentiram toda a sua consistência. Aliás, ninguém como o talhador de pedra conhece a dureza das rochas.

---

fazem, no sentido de aprovação. Aqui, simplesmente o silêncio é imposto para que o ritual seja celebrado conforme as normas e sem gritaria perturbadora. De fato, é necessário que seja imposto. Assim, quando oráculo emite alguma mensagem, poderá ser ouvido com atenção e boca fechada.

(88) Referências às práticas públicas de culto a Cibele e a Isis. Neste parágrafo, depois de referir os autênticos oráculos dos deuses, Sêneca critica as superstições em voga naqueles tempos. Para tais aberrações, Sêneca não "tranca a língua": ele as denuncia.

27.3 Empresa fútil é enfrentar escolho

Eu me demonstro qual rocha na superfície do mar. Quando a maré abaixa e as ondas flagelam de todos os lados, sem cessar, nem após séculos de repetidas investidas, logram removê-la ou descascá-la.

Assaltai-me. Atacai-me. Eu vos vencerei, tolerando-vos.(89)

Quem se lança contra um escolho irremovível pratica violência contra si mesmo. Portanto, procurai um alvo mole e flexível onde espetar vossos dardos.

27.4 A brevidade da vida já apela para conversão moral

Vós tendes tempo para andar por aí, perscrutando os defeitos alheios para emitir juízo como este: "Por que tal filósofo tem uma casa espaçosa? Por que oferece banquetes tão luxuosos?"

Estais a ver espinhas nos outros, enquanto tendes o corpo tomado de chagas. Sois como alguém que, devorado pela lepra, ri das manchas ou das verrugas em corpo formoso.

Criticais Platão porque pedia dinheiro; Aristóteles porque o aceitava; Demócrito porque o desprezava; Epicuro porque o esbanjava. Também a mim criticais por causa de Alcebíades e de Fedro(90), porém seríeis felizes se pudésseis, quanto antes, imitar os nossos vícios.

Porque não olhais para vossos defeitos que vos assaltam, trepidantes pelo lado de fora e devoradores de vossas entranhas.

As questões humanas, mesmo que não sejais conscientes dessa vossa condição, não estão a ponto de deixar espaço para que deis com a língua nos dentes, ferindo os que são mais dignos do que vós.

28. Conclusão

Eis uma coisa que vós não entendeis. Estais assimilando atitudes que não se enquadram com vossa vida. Pareceis com aqueles que, ociosos no circo ou no teatro, ignoram que suas residências estão de luto.

(89) Em latim: *"Adsilite, facite impetum; ferendo vos vincam."*

(90) Os defeitos morais desses dois eram assacados contra Sêneca. Historiadores há que acenam para problemas de identidade sexual.

Eu, que olho do alto, vejo quantas tempestades ameaçam desabamento iminente, com suas nuvens já próximas que irão arrancar e dispersar vossas riquezas.

Que estou a dizer?

Não logo mais e, sim, já, agora. Ainda que não imagineis, um furacão vai envolver vossas almas que, tentando escapar sem se desprenderem de suas volúpias, ora serão arremetidas para o alto, ora precipitadas no abismo.

APÊNDICE I

Os sofistas

Introdução

Os sofistas, assim denominados porque se consideravam sábios por excelência, eram docentes itinerantes. A partir do século V a.C., eles percorriam as cidades gregas com o objetivo de preparar, culturalmente, os pretendentes ao exercício de atividades políticas.

Depois que os gregos afirmaram sua autonomia perante o império persa, ocorreu a ascensão da aristocracia local, que se depara com a própria carência de habilidades adequadas para assumir os encargos do poder.

Os sofistas viram, então, uma oportunidade que se abria para conquistarem a receptividade das elites. Mestres no domínio da gramática e no manejo da oratória, de imediato caíram nas graças dos interessados no desempenho administrativo das cidades-Estados.

De permeio à técnica do linguajar fluente, os sofistas incentivam a arte lógica da argumentação, enriquecendo-a com conteúdo filosófico de direcionamento prático, de modo a reforçar a eloquência como potência sedutora que agrada e convence. Ainda porque o exercício de atividade política se afirmava em praça pública, perante um auditório ávido de espetáculo proporcionado pelos oradores de talento que sabiam fascinar com a magia da palavra fácil e inflamada.

Embora os sofistas não tenham chegado a constituir uma escola, como outras correntes caudalosas pelo número de adeptos que professam a mesma doutrina filosófica, eles convergem para um mesmo denominador, ainda que mínimo, algumas teses acerca do homem e da vida em geral. Assim, enquanto Protágoras delineia uma teoria a respeito do conhecimento e da verdade, Górgias acena para o ceticismo e Crítias enfatiza a força da palavra que finda, segundo Hípias, na composição dos opostos.

1. Protágoras

1.1 Nascido em Abdera, na Trácia, transferiu-se ainda jovem para Atenas. Ali e em outras cidades da Grécia, ministrou cursos para a juventude, congregando plêiades de discípulos entusiastas e admiradores tomados de simpatia pela sua comunicação didática. Foi também cortejado pela benevolência de homens públicos como Eurípedes e Péricles. Este o encarregou de redigir a constituição da nova colônia de Turi, em 444 a.C. Infelizmente, de sua obra principal – *As Antilogias* – restam apenas poucos fragmentos. Acusados de ateísmo, foi processado e condenado, tendo sua obra *Sobre os Deuses* queimada, em praça pública, por ser ofensiva à religião em voga. Ele então refugiou-se na Sicília, onde morreu com setenta anos.

Platão lhe perpetuou o nome no título de um de seus diálogos, denominado *Protágoras*. Ele também aparece com participante de outro, *Teeteto*.

1.2 A doutrina basilar de Protágoras a respeito do conhecimento está contida na máxima: "O homem é a medida de todas as coisas; daquelas que são aquilo que são e daquelas que não são aquilo que não são."

Enquanto no diálogo *Teeteto* Protágoras entende por homem o indivíduo, já no *Protágoras* ele pende mais para figurar um conhecimento universal e comum a todos, embora não idêntico.

Pelo visto, predomina a tônica do relativismo em seu axioma, seja particular na primeira proposta, seja universal na segunda.

Segundo Protágoras, o que existe, na realidade, está em perpétuo movimento e transformação. A percepção varia de acordo com esse ritmo contínuo que provoca imagens sucessivas e diversificadas. Daí a impossibilidade de distinguir sensações verdadeiras de sensações falsas.

Fato é que esse célebre axioma se tornou o pensamento chave do relativismo em matéria de conhecimento.

Em suma, não há como falar de erro. "A representação de uma coisa é um instante na fuga do nosso conhecimento. Como tudo se muda, a verdade não passa de um momento da realidade. O verdadeiro é o que, em cada instante, é útil, proveitoso e salutar. Toda a entrosagem de argumentação vem de uma tese motriz, a heracliteana, em que nada é permanente e por isso não existe." (Castro Nery, *Evolução do Pensamento Antigo*, p. 51)

1.3 Para Protágoras não existe verdade plena e absoluta, já que não há critério objetivo e inabalável para discernir o ser do não ser. No ato de pensar, o sábio –, isto é, o sofista – no máximo consegue detectar opiniões divergentes com certa aproximação da verdade, desde que lastreadas por alguma vantagem. Isso porque o único critério é apenas e exclusivamente o próprio homem: "Tal como cada coisa aparece para mim, tal ela é para mim; tal como aparece para ti, tal ela é para ti". Assim quando o vento sopra: "Para quem está frio, é frio; para quem não está frio, não é."

1.4 O relativismo expresso no princípio que erige o homem em medida de tudo, certamente, é explicado na obra *As Antilogias*, em que Protágoras demonstra existir em torno de cada coisa duas afirmações opostas. Pois sempre é possível dizer e contradizer, isto é, justificar com razões a favor e negar com razões opostas. Assim, a técnica da oratória consiste em aprender a criticar e a contradizer, construindo um verdadeiro jogo de razões e contrarrazões em torno do mesmo tema.

No único fragmento que restou da obra *Sobre os Deuses*, Protágoras escreve: "Quanto aos deuses não ouso dizer nem que existam nem que não existam; nem que se pareçam conosco, porque muitas são as coisas que impedem chegar a um conhecimento certo, entre os quais estão a obscuridade do problema e a brevidade da vida humana."

1.5 A propósito da técnica ensinada por Protágoras para reforçar um argumento fraco, *de per si*, não significa que ele pleiteasse, a todo e qualquer custo, ensinar a arte de camuflar o erro ou a falsidade como se a iniquidade valesse mais que a retidão. Como explica Giovanni Reale: "Simplesmente, ele ensinava os modos como, técnica e metodologicamente, era possível sustentar e levar à vitória o argumento que, em determinadas circunstâncias, podia ser o mais fraco na discussão". (*História da Filosofia*, VI, p. 77)

E continua, explicando: "A 'virtude' que Protágoras ensinava era, exatamente, essa 'habilidade' de saber fazer prevalecer qualquer ponto de vista sobre a opinião oposta." (Ibid., p. X)

Salta à vista que esse gênero de oratória, orientada para o triunfo contra a oposição, iria cair no gosto de ouvintes interessados no sucesso da carreira política, seja nas assembléias, seja nos tribunais.

1.6 "Para Protágoras, portanto, tudo é relativo. Não existe um 'verdadeiro' absoluto e também não existem valores morais ('bens') absolutos. Existe, entretanto, algo que é mais útil, mais conveniente e, portanto, mais oportuno. O sábio é aquele que conhece esse relativo mais útil, mais conveniente e mais oportuno, sabendo convencer também os outros..." (Ibid., p. X)

1.7 Merece ainda ser referida essa observação crítica de Giovanni Reale: "Sendo assim, o relativismo de Protágoras recebe uma forte limitação. Com efeito, pareceria assim que, enquanto é 'medida e mensurador em relação à verdade e à falsidade', o homem se torna 'medida em relação à utilidade', ou seja, que, de alguma forma, a utilidade venha a apresentar-se como objetiva. Em suma, pareceria que, para Protágoras, o bem e o mal seriam, respectivamente, o útil e o danoso; e o 'melhor' e o 'pior' seriam o 'mais útil' e o 'mais danoso'". (Ibid., p. X)

1.8 Fica claro que Protágoras encontra dificuldade conceitual para distinguir o "útil" do "bem honesto em si". Essa dificuldade, por via de regra, empana a visão de muitos, ainda hoje. Com efeito, o "útil" sempre aparece, como explica Giovanni Reale: "No contexto de correlações, a ponto de não parecer possível determiná-lo a não ser determinando, ao mesmo tempo, o sujeito ao qual o útil se refere, o objetivo para o qual é útil, as circunstâncias nas quais é útil e assim por diante". (Ibid., p. X)

Todavia, tomo a liberdade de complementar a explanação de Reale: o "bem honesto" nos afigura, no caso "concreto", qual mera utilidade. Daí a contribuição que, logo mais, o aristotelismo vai trazer, ao caracterizar as dimensões do bem em si da virtude, independentemente de qualquer vantagem aferida dela. Ela vale por si porque dignifica o agente, ainda que não lhe confira qualquer utilidade material ou sensitiva. Em certo sentido, o "bem honesto" é um valor que transcende qualquer utilidade. Logo mais, Sócrates já vai caracterizar o que é um "bem em si" ou a virtude da alma.

2. Górgias e a retórica

2.1 Górgias, nasce em Leontinos, na Itália, por volta de 484 a.C. Faz da arte retórica o veículo de difusão da teoria sofista. Em 427 representou sua pátria em Atenas, como embaixador. Exerce o magistério na Sicília, em Atenas e em outras cidades gregas. Teria morrido com cem anos, na Tessália. Sua obra mais renomada traz o título: *Sobre a Natureza ou sobre o não ser.*

2.2 Conforme um fragmento de sua obra principal, Górgias ultrapassa o relativismo utilitarista de Protágoras e descamba para o ceticismo radical. Ali se lê: "Nada existe, se existisse alguma coisa, não poderíamos conhecê-la, se pudéssemos conhecê-la, não poderíamos comunicar nosso conhecimento aos outros."

2.3 Eis os argumentos que Górgias apresenta para provar essas três assertivas:

1. O ser não existe, porque as explicações dadas pelos filósofos se contradizem, anulando-se.

2. Se existisse, seria incognoscível, porque o pensar não é a coisa pensada: não é porque penso uma quimera que então ela existe.

3. Mesmo que pensável, o ser permaneceria inexprimível, pois a palavra é um signo e não a coisa designada por ela.

2.4 Bloqueado o acesso à verdade das coisas (*aletheia*), resta então a "opinião" (*doxa*), mas Górgias a rejeita. Para ele a função da inteligência se reduz a descrever situações concretas, sem nada definir, nem impor.

Segundo Giovanni Reale, Górgias seria um dos primeiros representantes da "ética da situação": uma mesma ação pode ser boa ou não conforme as circunstâncias que afetam o sujeito do ato.

2.5 Essa repulsa à possibilidade de conceituar o ser das coisas e a verdade, tanto ôntica quanto moral, deixa espaço amplo para a função prática da oratória. Cabe à palavra, desvinculada de qualquer verdade, ser fonte de persuasão, convicção, sugestão e crença. Dela procede o direcionamento seguro. Daí porque o político é denominado "reitor" já que dirige a palavra, dando rumo a tudo na vida da cidade.

3. Pródico e a sinonímia

3.1 Nascido em Céa, em torno de 470-460 a.C., Pródico leciona em Atenas, onde captou a simpatia de legiões de alunos.

3.2 Sua modalidade de retórica consiste em destilar a sinonímia dos vocábulos, procurando o significado mais adequado ao assunto nos múltiplos sentidos da palavra. A mesma técnica será usada por Sócrates na busca da essência das coisas.

3.3 No campo da ética, Pródico reinterpreta o mito de Hércules na encruzilhada – ou seja, ante a escolha entre o bem e o mal. Aí, a virtude se lhe afigura como o meio mais propício para alcançar a verdadeira vantagem e a verdadeira utilidade na vida. Ele também entende "valor" como sinônimo de "utilidade".

4. Hípias, lida e Antifonte

4.1 Hípias, lida e Antifonte viveram nos fins do século V a.C. Hípias introduz a distinção entre leis da natureza, ou "lei natural", e leis dos homens.

Ele propunha a ciência da natureza como condição necessária para uma boa orientação da vida humana. Mais do que seguir as leis humanas, é necessário adaptar-se às leis da natureza, já que estas são sempre válidas e aquelas apenas oportunas e contingentes.

Daí ele extrai o conceito de um ideal igualitário entre seres humanos com base na natureza, independentemente da nacionalidade política. Emerge assim a ideia ainda inédita do cosmopolitismo.

4.2 Antifonte afirma a igualdade do gênero humano como exigência da natureza comum. Eis um fragmento de sua obra perdida: "Nós respeitamos e veneramos quem é de origem nobre, mas não respeitamos nem honramos quem é de nascença obscura. Nesse aspecto, nos comportamos uns com relação aos outros como bárbaros, já que, por natureza, somos todos absolutamente iguais, tantos os gregos como os bárbaros."

5. Os erísticos

5.1 Da antilogia de Protágoras advém a erística ou a arte de controvérsia, cujas palavras geram, indefinidamente, novas controvérsias. Era a moda do debate pelo debate.

A técnica da erística consistia em formular um argumento cuja conclusão fosse, em qualquer hipótese, refutável.

Luiz Feracine

APÊNDICE II

SÓCRATES E O SURGIMENTO DA ÉTICA

Introdução

Sócrates nasce em 470 a.C., em Atenas, filho de Sofrônio, escultor, e de Fenareta, parteira. Desde cedo pratica o magistério sem dele auferir lucro. Vive na total pobreza.

Nada deixou por escrito. O que se sabe de sua filosofia é testemunho de dois discípulos e admiradores: Xenofonte e Platão. Xenofonte, autor da *Anábase*, na obra *Ditos Memoráveis* registra a doutrina moral do seu mestre. Platão apresenta o pensamento de Sócrates inserido em suas especulações.

Sócrates, pouco voltado para questões estritamente metafísicas, não se omite a especular a fundo a essência do homem pelo ângulo da prática. Essa preocupação pela dimensão universal da vida humana em seu desempenho existencial vai distingui-lo dos naturalistas e dos sofistas: aqueles questionam a essência da natureza; estes veem o homem como mero artífice da palavra habilidosa.

Sócrates se aprofunda e quer saber o que é homem em sua essência. A resposta registra a identidade do homem com sua "psique" ou alma. O homem é sua alma. Graças a ela o homem se distingue de tudo o mais que o cerca. Destarte, Sócrates faz da alma a sede suprema da dignidade humana, porque nela residem a sabedoria e a virtude. Daí decorre a necessidade de cuidar-se de si. A alma vale mais do que o corpo.

1. A virtude

1.1 Os gregos, de então, denominavam com a palavra *areté* ("excelência") a propriedade específica, a virtude operativa de um instrumento. A perfeição da tesoura consiste em cortar. Assim, a virtude do cão era ser bom guardião. Aplicada ao homem, virtude designa aquilo que faz com que a alma seja o que a natureza dela espera – a saber, integridade e perfeição. Daí advém o oposto, que é o vício. No modo de falar de Sócrates, a virtude equivale à sabedoria, à ciência autêntica e o vício, à carência do saber, a ignorância.

2. A escala dos valores

2.1 Sócrates estabelece assim uma clara distinção entre valores. De um lado, os úteis, ligados às coisas exteriores e materiais, tão a gosto dos sofistas, como poder, fama, riqueza, e alguns bens ligados ao corpo como saúde e beleza; de outro lado, os bens relacionados à alma, que ele reduz ao conhecimento da verdadeira sabedoria.

Assim, Sócrates destaca como virtude os bens da alma, porque só eles podem ser denominados bens em si mesmos.

3. Virtude e conhecimento

3.1 É sabido que Sócrates professa certo intelectualismo ao identificar conhecimento com virtude e ignorância com vício. Isso gera certa confusão, porquanto parece descartar a função da liberdade no ato moral. O vício seria mero equívoco, erro ou ignorância, sem apreço pela liberdade do agente que decide pelo bem ou pelo mal.

Eis como Castro Nery elucida esse nexo da moral socrática com o conhecimento: "A moral não deve basear no sentimento ou na rotina. É na cabeça que ela deve começar. Não é apenas uma arte de agir, nem um código de conselhos práticos, mas uma ciência ética, cimentada na lógica. Para moralizar a razão, Sócrates racionalizava a moral. Tonificava a inteligência para que as ações ficassem retas... quem caminha na vida como sábio... porta-se de acordo com o entendimento. Parar de raciocinar, seria cair na animalidade. Daí, conhecer-te a ti mesmo." (Ibid., p. 79-80)

Para Sócrates o conhecimento condiciona a virtude: "O homem é bom, quando sabe; mau, quando não sabe."

3.2 Pelo seu modo de ver, Sócrates ainda não tinha noção de bem como um valor em si, independentemente de qualquer vantagem que dele brotasse. Assim declara: "Os homens escolhem sempre, entres as coisas que podem fazer, aquelas que são mais vantajosas ou parecem tais."

Daí se conclui que para Sócrates a virtude perfeita supõe conhecimento igualmente perfeito. O íntegro é sábio consumado.

4. O elemento "liberdade" no ato moral

4.1 Entre os componentes que estruturam a vida moral, Sócrates se depara com a liberdade e integra-a em seu modo de entender a ética. Ele tem da liberdade um conceito ainda restrito. A liberdade consiste no autodomínio (*enkrateia*), no controle dos impulsos passionais, no domínio ante o desfrutamento do prazer. Portanto, homem livre é aquele que domina seus impulsos e não se deixa escravizar por eles.

4.2 Fica evidente que a liberdade possui uma função muito relevante na estrutura do ato moral. Ela se identifica com a autodeterminação da vontade ante a opção pelo bem ou pelo mal. Isso só foi elucidado pelos pensadores cristãos.

5. O conceito de felicidade

5.1 De Sócrates para cá, a visão de vida passou a receber a imagem de felicidade. Em grego, "felicidade" é *eudaimonia*, literalmente o bom demônio ou anjo protetor. Seria o anjo da guarda que garante a vida feliz, isto é, livre de qualquer incômodo e repleto de satisfação.

Já Heráclito dizia que "o caráter ético é o verdadeiro 'demo' do homem e que a felicidade é diversa dos prazeres."

5.2 Sócrates, ao definir "virtude", designa o que torna a alma boa segundo sua natureza própria. Ora, ela é imaterial. Logo, os bens e valores que atendem a tal exigência não podem ser coisas materiais e exteriores, como prazer sensitivo, volúpia carnal, riqueza, conforto, fama e poder. Nada disso merece ser tido como bem autêntico para a felicidade de alma.

5.3 Quando a alma se manifesta feliz?

Quando está equilibrada, estruturada e bem direcionada para agir, conduzindo a vida da qual ela é fonte. Isso ocorre mediante os dotes denominados virtudes.

Daí a sentença de Sócrates: "Para mim, quem é virtuoso, seja homem ou mulher, é feliz, ao passo que o injusto e malvado é infeliz." Assim, o vício desestrutura a alma cuja essência tende para produzir o que é bem

5.4 Portanto, o homem é o artífice da própria felicidade ao alimentar a alma de virtudes como faz com o corpo ao nutri-lo com o alimento.

6. O conceito de "bem"

6.1 Quando Sócrates define como "bem" o que proporciona vida feliz, porque prazerosa e sem dor, ele, indiretamente, aproxima a ideia de "bem" como a de "útil". Ficam em função de sinônimo, sugerindo utilitarismo. Essa aproximação será explorada por alguns de seus discípulos que vão apregoar, abertamente, o prazer.

7. A virtude e as paixões

7.1 Sócrates está ciente da influência que as paixões desempenham na busca dos prazeres da vida. Ensina que elas sejam controladas, a fim de não serem causa de desequilíbrio interior cuja desarmonia incentiva os vícios. Assim, a riqueza desgovernada leva à rapacidade; o amor pela beleza, desordenado, gera afetos impudicos; a gana de glória, sem freio, ativa a vaidade e alimenta o orgulho.

7.2 No seu ver, as paixões são forças secretas da alma. Quando bem direcionadas e conduzidas sob a luz da razão, favorecem a conquista das virtudes e concorrem para a felicidade interior.

Para caracterizar essa atitude de superioridade em face das paixões, Sócrates usa o termo *eleutheria*, isto é, "liberdade", "independência".

7.3 Diverso será o modo de ver de alguns estoicos que, como veremos à frente, reprimem não só a paixão, mas qualquer surto emocional. Assim, eles enfraquecem a vida psicológica que articula o clima de plausibilidade no agir de nossa racionalidade.

Luiz Feracine

APÊNDICE III

A moral platônica

Introdução

Platão nasce em Atenas em 427 a.C., filho de pais aristocráticos e abastados. Aos vinte anos conhece Sócrates já com 60 anos de idade. Por oito anos desfruta de sua amizade e ensinamentos.

Em Atenas, pelo ano 387, funda sua escola, no jardim de Academo, que toma o nome de Academia.

Suas obras abrangem 36 diálogos e 13 cartas.

A filosofia recebe direcionamento nitidamente moral. Ela ensina a resolver o problema da vida pela perspectiva da metafísica, que estrutura a percepção de homem e de mundo, incluindo a inteira realidade.

1. A descoberta da metafísica

1.1 Segundo Platão, a realidade objetiva do ser contém duas dimensões distintas: a física, mecânica e perceptível pelos sentidos corpóreos; acima dela está a outra camada de entes suprassensíveis e captáveis só pela mente. Esta é a dimensão suprafísica do ser, ou metafísica. Nela também reside as causas últimas das realidades sensíveis e físicas. Assim, a beleza de um corpo se explica pela sua causa não sensível e apenas inteligível.

1.2 A essa causa Platão denomina "ideia" ou "forma" (*eidos*) de determinada perfeição. Assim, a beleza do corpo humano resulta do reflexo de uma forma da beleza em si. O que aqui existe é mera participação daquele valor puro. Assim as demais perfeições. Tudo reflete um supermundo de onde recebe a determinação concreta neste mundo. Em *Fedro*, Platão declara ter recorrido ao mundo dessas formas superiores para encontrar a veracidade das coisas.

1.3 A fim de entender o que é mundo das ideias, ou o "hiperurânio", cumpre especificar o seguinte: as "ideias" ou "formas" platônicas não são conceitos produzidos pela mente humana; são entidades objetivas, refletidas em nossos pensamentos. As ideias platônicas são as essências e as causas das coisas. Por isso, Platão as denomina "modelos" ou "paradigmas" da realidade do ser. Enfim, nelas residem as razões derradeiras e supremas de tudo que povoa nosso modo de pensar e ver a realidade.

Eis porque convém ler esta passagem do *Fedro*, na qual Platão fala desse mundo encantado das ideias:

"Nenhum poeta jamais cantou nem cantará, dignamente, esse lugar supraceleste (hiperurânio). Assim é porque é necessário ter a coragem de dizer a verdade, especialmente quando se fala da verdade. De fato, ocupa esse lugar a substância (igual à realidade, o ser, ou seja, as ideias) que existe realmente, privada de cor, sem figura e intangível, que só pode ser contemplada pelo timoneiro da alma, pelo intelecto, constituindo o objeto próprio da verdadeira ciência. Como o pensamento de um deus se nutre de intelecto e de ciência pura, assim também o pensamento de cada alma que anseia por escolher o que lhe convém alegra-se quando descobre o ser e, contemplando a verdade, dela se nutre, ficando em boa condição. Ele vê a justiça em si, vê a sabedoria e vê a ciência... aquela que é realmente ciência do objeto que é realmente ser..."

1.4 Concluindo: esse supermundo, povoado pelas ideias-modelos, contém uma povoação múltipla e variada. Ali, as formas originais de tudo. Ali, as ideias dos valores éticos, estéticos, morais, físicos, geométricos, religiosos etc.

2. A concepção dualista do homem

2.1 O dualismo platônico entre o mundo da realidade sensível e o da realidade suprassensível projeta-se na concepção de ser humano. O homem não é uma unidade substancial, como iria ensinar Aristóteles, e, sim, um composto de corpo e alma. Essa distinção entre alma (o suprassensível) e corpo (o sensível) apresenta-se em conflito. O corpo milita contra a alma. Por isso ele é mais o cárcere do que o parceiro da alma.

3. A moralidade da fuga e da repressão

3.1 Em *Fedro*, Platão demonstra que a alma procura fugir do próprio corpo. Daí, aquela afinidade do sábio com a morte libertadora.

Em decorrência dessa incompatibilidade, advém ainda a "fuga do mundo". Essa fuga se concretiza na prática das virtudes que modelam a alma, de modo a refletir a perfeição dos deuses. Afirma: "Assemelhar-se a deus é adquirir justiça, santidade e sabedoria."

No mesmo diálogo, *Fedro*, Platão condiciona a conquista da felicidade à renúncia aos prazeres e às riquezas, acompanhada da prática das virtudes, já que a alma, unida ao corpo, participa dessa prova que vai habilitá-la para o julgamento final no Hadem. Cabe lhe, agora, praticar a moral pela sujeição do corpo mediante o exercício contínuo das quatro virtudes mais importantes: a sabedoria prudencial, a fortaleza, a justiça e a temperança.

3.2 Enfim, a moralidade implica desvencilhar a alma dos atrativos da materialidade, conduzindo-a para o encontro dela como ela mesma. Isso concretiza o processo de purificação, que finda no encontro com os deuses na plenitude da felicidade advinda da contemplação direta e imediata das "ideias" no hiperurânio.

Luiz Feracine

APÊNDICE IV

A moral aristotélica

Introdução

Aristóteles nasce em Estagira, na Trácia, em 384 a.C. Ingressa na Academia de Platão, aos dezesseis anos, e nela estuda por mais de vinte anos. Depois, foi preceptor de Alexandre Magno. Voltando para Atenas, funda a Escola Peripatética. Morre em 322 a.C.

1. Nova concepção metafísica

1.1 A bem dizer, a metafísica de Platão era mais uma superfísica. Algo que se sobrepõe, artificialmente, ao mundo da realidade.

Aristóteles, depois de ouvir, por mais de vinte anos, essa pregação fantasiosa de seu mestre, inova totalmente a concepção de metafísica. Para ele, a metafísica é a ciência do ser como ser e de seus atributos essenciais. O objeto do ato de pensar é o ser (o que é), que se desdobra em duas dimensões: a sensitiva (acessível aos sentidos corpóreos) e a intelectiva (captada apenas pelo intelecto).

Enquanto o conhecimento sensitivo enfoca o objeto da experiência com suas dimensões de concretude, o conhecimento intelectivo expressa a sua dimensão abstrata de universalidade. Por conseguinte, enquanto o objeto do sentido é particular, mutável e material, o objeto do intelecto é a "ideia" com dimensões universal, imaterial e imutável.

1.2 Portanto, a Moral para Aristóteles não está alicerçada em modelos supraterrenos e distantes da realidade humana. Ela se funda na natureza mesma do ser humano, cuja existência volta-se para um fim supremo e comum para todos – a saber, a felicidade. Ninguém nasce para a desgraça e, sim, para ser feliz. Ora, a Moral é a ciência que se ocupa dessa conquista da felicidade pela prática do agir honesto e bom.

A Moral, vista pela perspectiva da metafísica, delineia um roteiro de existência extensivo a todo ser humano. Daí a dimensão universal de seus princípios diretivos.

2. As três éticas de Aristóteles

2.1 Aristóteles trata da Moral em três obras: *Ética a Nicômoco*, *Ética Eudemo* e *Grande Ética*.

Luis Castagnola, em *História da Filosofia* (1972) explica, magistralmente, a doutrina ética de Aristóteles. Merece citado: "Consoante sua doutrina metafísica fundamental, todo ser tende, necessariamente, à realização de sua natureza, à atualização plena de sua forma. Nisto está o seu fim, o seu bem, a sua felicidade e, por conseguinte, a sua lei. Visto ser a razão a essência do homem, realiza, ele, a sua natureza, vivendo racionalmente e sendo disto consciente. Assim consegue, ele, a felicidade mediante a virtude, que é, precisamente, uma atividade conforme a razão, isto é, uma atividade que pressupõe o conhecimento racional. Logo, o fim do homem é a felicidade, a que é necessária a virtude, e a esta é necessária à razão. Eis que a característica fundamental da moral aristotélica é o racionalismo, visto ser virtude consciente segundo a razão que exige o conhecimento absoluto metafísico, da natureza e do universo, natureza segundo a qual e na qual o homem deve operar." (p. 132)

3. A moral e as paixões

*3.1*Além de corrigir o conceito fantasioso de metafísica situado no hiperurânio ,conforme a doutrina de Platão, Aristóteles se posiciona mais realisticamente perante os impulsos da natureza denominados paixões.

3.2 As paixões, bem como todo o potencial afetivo e emocional do ser humano, faz parte integrante de sua capacidade operativa. São forças de que a razão se deve valer para direcionar o comportamento. As paixões em si nada têm de perverso. Cabe à razão dominá-las e governá-las sem as destruir.

3.3 As virtudes presidem, assumindo o controle das paixões, colocando-as como recursos aptos para a realização de fins honestos do bem viver.

Diversamente, os estoicos irão apregoar o ódio aos sentimentos e a repressão das paixões.

4. O fim último e supremo da vida humana, ou seja, a felicidade

4.1 A ciência ética, na área da filosofia, estuda o agir humano direcionado para o fim último, cuja plenitude faz da existência um bem supremo e total. Aí está situada a felicidade.

4.2 Ocorre, agora, perguntar: o que é essa felicidade que todos procuram?

Para uns, a felicidade do bem viver resume-se no desfrutamento de prazer sensitivo; quanto mais gozo, mais bem-estar geral. Aristóteles classifica tal concepção de vida de escravidão e pura animalidade.

Para muitos outros, a felicidade consiste em amontoar riqueza. Quando fazem dos bens materiais a finalidade da vida, então, segundo Aristóteles, tais indivíduos confundem meios com fins e descambam para equívocos existenciais insanáveis.

4.3 O verdadeiro bem que realiza e felicita a vida humana só pode ser algo que diferencia o ser humano de todos os outros animais. Tal bem deve estar adequado a sua natureza racional e livre. Eis porque o bem supremo do homem reside na prática da virtude cujo esplendor produz satisfação que irradia alegria, tranquilidade e bem-estar perene.

Destarte, Aristóteles identifica a felicidade como realização existencial em meio à prática das virtudes, cujo objetivo derradeiro é a posse do sumo bem.

Luiz Feracine

APÊNDICE V

O EPICURISMO

Introdução

Epicuro nasce em Atenas, em 341-270 a.C.

1. A Escola-Jardim

1.1 Sentindo-se vocacionado para o magistério, desde jovem dedica-se ao ensino. À guisa de Platão e de Aristóteles, ele abre uma escola nos jardins de sua propriedade. Daí o seu apelido de "filósofo dos jardins".

1.2 Em meio à amenidade das plantas e das flores, Epicuro reúne os discípulos para ouvi-lo dissertar, em clima de amizade nobre e respeitosa, sobre o sentido realizante de uma vida tranquila que prefigurava a convivência entre os deuses. Esse vínculo de amizade se tornou difusivo entre os discípulos que, após os cursos, retornados a suas cidades, persistiam vinculados por meio de copiosa correspondência epistolar.

Epicuro contamina pelo prestígio de sua simpatia. Isso facilita a expansão de suas ideias.

2. As três áreas da filosofia

2.1 De acordo com os acadêmicos que dividiam o estudo da filosofia em três áreas distintas (lógica, física e ética), Epicuro adota a mesma classificação e sobre cada uma delas apresenta sua contribuição. A primeira se ocupa do conhecimento e da verdade; a segunda estuda a estrutura da natureza física; a terceira analisa o fim da existência do homem e os meios de alcançá-lo.

2.2 A lógica segundo Epicuro trata dos problemas relacionados com o conhecimento e, em espécie, a verdade.

Na tese de Epicuro os sentidos corpóreos captam o "ser" das coisas de modo confiável. Nega assim a teoria platônica que recorre aos modelos de ideias fora deste mundo e nega a teoria de Aristóteles que confere só ao intelecto a posse da essência das coisas.

Para Epicuro, se uma única sensação fosse falsa, então todo processo cognitivo estaria falseado porque a razão depende dos sentidos corpóreos.

Com o intento de consolidar sua tese, Epicuro apresenta três argumentos para garantir a veracidade plena e absoluta das sensações.

Depois de apresentar as provas a favor da verdade das sensações, Epicuro trata do problema da "opinião". Essa, sim, pode ser falsa porque não depende, diretamente, da sensação, mas de raciocínio que não se apóia na evidência imediata das sensações. Isso não obsta que uma opinião seja corroborada por critérios adicionais de verdade.

2.3 A física de Epicuro, ou a constituição material do universo, é a mesma apregoada por Demócrito que o concebe, deterministamente, como mero conjunto de átomos em movimento. Esses corpúsculos incontáveis, eternos, imutáveis, invisíveis, homogêneos e indivisíveis, todos iguais na qualidade, unem-se em quantidade variada, dando origens a entes com figura e peso diversificados.

Enquanto para Demócrito os átomos despencam no vácuo, em linha perpendicular, segundo Epicuro, ocorre desvios que ocasionam realidades imprevisíveis. A tal desvio espontâneo e sem causa prévia, Epicuro denomina *clínamen*. Ele se vale desse elemento para explicar a presença da liberdade nas decisões humanas. O ato livre é mero acidente de desvio na queda uniforme e retilínea dos átomos.

2.4 Na ética de Epicuro, já que tudo é matéria, sendo o homem parte integrante desse complexo de átomos, então o que torna o homem feliz na vida não pode ser diverso da pura materialidade atômica. Assim, a felicidade ou o bem máximo do homem consiste em gozar do prazer (*hedone*). O prazer é o princípio e o fim da vida, aqui e hoje, sem perspectiva de transcendência. Nem por isso Epicuro justifica e aprova todo e qualquer prazer. Em um de seus fragmentos, ele adverte: "Quando dizemos que o prazer é o bem máximo, não queremos referir-nos aos prazeres do homem corrompido que só pensa em comer, em beber e nas mulheres."

Epicuro prega o prazer moderado pela razão, pois a felicidade para ele está na vida tranquila que equivale à ausência plena de qualquer perturbação: *ataraxia*.

Fica claro que para Epicuro o prazer é ausência de dor e perturbação psíquica, e não mera complacência com o apetite desregrado das paixões soltas.

Merece lido este outro fragmento da teoria original de Epicuro: "Assim, quando dizemos que o prazer é um bem, não aludimos, de modo algum aos prazeres dissolutos, que consistem em torpezas, como creem alguns que ignoram nosso ensinamento ou interpretam mal. Aludimos, sim, à ausência da dor (*aponía*) e à ausência de perturbação na alma (*ataraxia*). Nem libações e festas ininterruptas, nem gozar com crianças e mulheres, nem comer peixes e tudo o mais que uma mesa rica pode oferecer são fontes de vida feliz, mas, sim, o sóbrio raciocinar, que escruta, a fundo, as causas de todo ato de escolha e de recusa repulsando as falsas opiniões por meio das quais grande perturbação se apossa da alma."

3. A função da virtude na vida tranquila

3.1 A fim de orientar a prática constante do bem agir, mediante as virtudes, em meio aos prazeres que cercam o indivíduo de todos os lados, Epicuro distingue e classifica os prazeres:

1. prazeres naturais e necessários;
2. prazeres naturais, mas não necessários;
3. prazeres não naturais nem necessários.

A seguir, declara que se atinge o objetivo da vida feliz, mediante os prazeres naturais e necessários tais como aqueles que dizem respeito à preservação da vida. Assim, o alimento e o repouso. Desse grupo, ele descarta o sexo porque é fonte de perturbação.

Entre os prazeres da segunda categoria figuram os não necessários que devem ser manipulados, com esmero, para fins de seleção.

Entre os últimos, ele coloca os prazeres ilusórios e relacionados com riqueza, poder e honrarias.

5. *Projeto de uma vida feliz*

5.1 Epicuro é materialista puro. Não professa nenhuma perspectiva metafísica ou de transcendência. A vida é essa e não há outra. Cumpre vivê-la, corretamente, pela prática das virtudes, sob o comando da razão. Nisso consiste a sabedoria de uma vida feliz que se realiza na tranquilidade de espírito.

Sêneca com a obra *A vida feliz*, nos parágrafos 12 e 13, faz a defesa brilhante da tese moderada de Epicuro na questão relativa aos prazeres da vida.

5.2 Preceitos saudáveis de Epicuro:

1. "O prazer é o princípio e o fim da vida feliz."

"A quem não basta pouco, nada basta."

"O limite dos prazeres é a eliminação de toda a dor."

2. "Quem menos sente a necessidade do amanhã, mais, alegremente, prepara-se para o amanhã."

3. "A vida do insensato é ingrata, encontra-se em permanente agitação. Está sempre voltada para o futuro."

4. "As virtudes se encontram, por sua natureza, contíguas à vida feliz. A vida feliz é irrealizável sem elas."

5. "A justiça não existe só em si em por si. Ela exsurge das relações intersubjetivas, em qualquer tempo e lugar em que haja um pacto de não produzir nem de sofrer danos."

6. "Entre animais que não podem fazer pactos para não provocar nem sofrer danos, não existe justo nem injusto."

7. "Lei que não favorece o bem da convivência é injusta."

8. "Viva desconhecido."

9. "A serenidade espiritual é o fruto máximo da justiça."

10. "O justo é sempre sereno; o injusto é sempre perturbado."

11. "As leis existem para os sábios não para coibi-los a cometerem extravagâncias e, sim, para protegê-los de serem alvejados pela injustiça."

12. "De todas as coisas que a sabedoria proporciona para a felicidade, a maior é a aquisição da amizade."

13. "Toda amizade é desejável por si mesma."

14. "Devemos escolher um homem bom e tê-lo sempre diante dos olhos para vivermos como se ele nos observasse..."

15. "Não é ao jovem que se deve considerar feliz e desejável, mas ao ancião que viveu uma bela vida."

Luiz Feracine

APÊNDICE VI

O ESTOICISMO

Introdução

O estoicismo, fundado nos fins do século IV a.C., floresce nos primeiros séculos da era cristã.

Perdura por mais de quinhentos anos. Os maiores expoentes do estoicismo são: Zenão (334-262 a.C.); Crísipo (278-206 a.C.); Epiteto (50 a.C.); Sêneca (4 a.C.-65 d.C.) e Marco Aurélio (121-180 d.C.).

Zenão ministra suas preleções num pórtico (*stoa*) por falta de recurso financeiro para adquirir uma casa.

Também o estoicismo de Zenão acolhe a divisão da filosofia em três áreas distintas: a lógica, a física e a moral.

1. A lógica segundo o estoicismo

1.1Para Zenão, a função primordial da lógica é declinar os critérios de verdade. Diferentemente dos epicuristas, Zenão aceita que o ser humano é dotado de razão (*logos*). A verdade, então, resulta do encontro da sensação com o assentimento ou aprovação por parte da alma. Esta é livre para dar assentimento ou não. Só quando ocorre tal aceitação, o processo total de representação compreensiva ou cataléptica produz efeito.

Seja lembrado que, conforme o materialismo de base, tanto a "sensação" como o "assentimento livre" são realidades compostas de átomos. Por isso, Zenão exige adequação entre sensação e assentimento para configurar a nova unidade – a saber, a verdade

Diversa era a doutrina de Aristóteles. Para ele, a evidência da realidade se impunha de modo absoluto, sem depender da liberdade de consentir. Se a mente não concordasse com a evidência, pior para ela porque, ao invés de encontrar a verdade, incidiria no erro.

1.2 Ao condicionar o valor da presença real do objeto que se manifesta como evidente e submetê-lo ao assentimento livre (representação cataléptica), Zenão subverte o critério de verdade. Por isso essa doutrina será acusada de contraditória.

2. A física segundo o estoicismo

2.1 A física ou visão cósmica do estoicismo de Zenão prima por três características: materialismo, monismo e panteísmo.

2.2 O materialismo estoico se assemelha ao mecanismo atomista já apregoado pelos epicuristas, mas apresenta nuance de novidade: incorpora elementos do hilemorfismo e aponta para a unidade monista. A matéria-prima de toda a realidade procede da mesma fonte, a causa eficiente de tudo. O universo é como um único organismo grandioso, onde as partes se identificam com o todo. Destarte, deus não só está em tudo, mas é tudo, ou seja, ele se identifica com o cosmos. Ele é o ser do mundo.

Daí decorre que a racionalidade do *logos* divino consubstancia a realidade cósmica, imprimindo-lhe uma finalidade imanente cuja perfeição transcende qualquer defecção singular e parcial, de modo que as passageiras imperfeições ficam sanadas pelo vigor estrutural do todo.

Muitas vezes, os estoicos se referem ao conceito de providência (*pronoia*). Não devemos reter o conceito estoico de providência no sentido cristão da mesma palavra.

Aquela é uma providência imanente, enquanto a cristã é transcendente.

No modo de pensar estoico, a providência se identifica com o *logos* ou alma racional do cosmo ou mundo. Ela conduz o mundo para sua finalidade cuja perfeição configura o bem universal. Graças a sua ação, tudo acontece de modo que a bondade intrínseca sempre prevaleça.

Esse finalismo otimista de todo o complexo cósmico deve ser analisado pelo prisma da necessidade, também denominada destino.

Para os estoicos, o destino configura uma sequência irreprimível de causas, qual nexo insolúvel de ocorrências direcionadas pelo próprio *logos*, ante o que a liberdade humana se dobra reverente, já que será arrastado pelo fluxo do destino quem a ele não se conforma.

3. A moral segundo o estoicismo

3.1 Aqui, na ética, reside a relevância da mensagem estoica. Graças ao seu conteúdo plausível, ela vigorou por mais de meio milênio, iluminando as mentes para o encontro com a finalidade da existência humana. Para os estoicos, o objetivo máximo da vida consiste na conquista da felicidade, que se concretiza quando se vive segundo a natureza.

Qualquer ser dotado de vida demonstra cuidadosa autopreservação. Ele não só se conserva como se apossa e assimila tudo quanto o favorece enquanto, simultaneamente, opõe-se a tudo que o possa prejudicar. Essa característica de assumir a própria identidade e identificar-se com suas tendências específicas e imanentes, os estoicos expressam com o vocábulo *oikeíosis*, isto é, autopreservação.

Daí provém o princípio mais básico da ética: identificar-se com a própria natureza, vivendo segundo ela.

Como o ser humano, além de vivente, é um ente racional, então é de modo racional que ele deve se conformar com a própria natureza.

Ao defrontar-se com a própria natureza, o homem constata que ela se ativa, de contínuo, movimentando-se para a própria preservação enquanto rechaça o que a prejudica. Destarte, busca o que lhe convém porquanto, sob tal aspecto, isso afigura como algo de bom, ao passo que o contrário afigura algo de mau porque nocivo.

Essa tendência espontânea da natureza, que procura o que mais atende a exigência primária de autoconservação de seu ser com o desempenho de suas atividades específicas, avalia como bem o que corresponde à sua expectativa primária. O oposto é o mal.

Visto que, no homem, essa exigência primária da natureza advém de uma fonte de racionalidade, então o bem é aferido pelo critério do *logos* ou da razão. Portanto, o bem adequado à racionalidade equivale ao bem moral ou bem que confere *vis*, vigor para a alma, isto é, virtude. O verdadeiro bem para o homem é a virtude e o verdadeiro mal é o vício.

4. Problema

4.1 Se bem é aquilo que favorece o vigor da alma, como qualificar o que atende às exigências do nosso corpo, como saúde, conforto, prazer sensitivo, riqueza, beleza etc.?

Resposta: para os estoicos, os qualificativos de bom e de mau somente são aplicados àquilo que favorece ou prejudica a alma em nível de moralidade. Com efeito, a virtude é o ato bom que a dignifica e fortalece, ao passo que o vício é o ato mau que a deprime e enfraquece.

Por conseguinte, todas as coisas relativas à materialidade e ao corpo, quer sejam favoráveis quer nocivas, são tidas como indiferentes (*adiáphora*) sob o aspecto moral.

Evidente que essa divisão da realidade permitia ao filósofo sentir-se feliz ainda que esvaziado de todos aqueles favores da materialidade, com seus afagos de conforto para a sensibilidade física e emocional do corpo.

Posto que o bem da alma proporcione a verdadeira felicidade, então, esta pode ser obtida e cultivada mesmo sem a ajuda das coisas exteriores a ela. Em suma, o pobre e o enxotado do convívio social podem ser plenamente felizes.

5. O problema dos valores e dos desvalores

5.1 Depois de terem estabelecido como princípio a lei geral de *oikeíosis*, que privilegia o instinto natural da autoconservação, operando como fonte e critério de valorização moral nos seres dotados de racionalidade, a filosofia estoica, num segundo momento, passa a considerar como digno de receptividade – porquanto algo de positivo – não só o que tinha conotação direta e imediata de virtude, mas também tudo que pudesse, de algum modo, contribuir para a conservação e o incremento da mesma tendência, ainda que de procedência material, física, externa e até biológica.

Ocorreu então uma abertura conceitual revolucionária dentro da doutrina estoica. Começa a ser tido como autêntico valor ético tudo quanto concorre para conservar e incrementar a vida, desde que adequado à natureza humana, como a saúde, o vigor físico, a beleza, o conforto do corpo e as riquezas em geral.

Esses bens indiferentes que se adequam com a natureza do homem passam a ser vistos como valores suscetíveis de moralidade positiva.

Consta que Crisipo teria sido o maior defensor desse alargamento conceitual a respeito da extensão da moral até os bens classificados como indiferentes e alheios à conotação de moralidade.

6. Paixões e apatia

6.1 Para os estoicos, a paixão é erro da razão. Como erro do *logos* ou engano de racionalidade, a paixão é fonte de desconforto. A única atitude racional ante a paixão é reprimi-la. O sábio elimina de si qualquer paixão. Nisso consiste a apatia.

Ao reprimir qualquer ímpeto passional, o filósofo estoico apregoava abafar, na alma, os surtos emocionais de simpatia, compaixão, bondade e misericórdia.

Evidente que tal assepsia extremada empobrecia a vida humana.

7. Panécio e Possidônio

7.1 Panécio, nascido em Rodes acerca de 185 a.C., preside a ala da filosofia estoica após Zenão. Introduz algumas modificações, mitigando a rudeza radical da ética. Sustenta que o homem não vive feliz só mediante a virtude ou bens absolutos em si, mas também sabendo desfrutar, moderadamente, as coisas denominadas indiferentes, como saúde, riqueza etc.

Essas suas contribuições de aperfeiçoamento do estoicismo vão ser assimiladas pelos estoicos romanos, como Sêneca.

Panécio desenvolve a doutrina ética em torno dos deveres, sobre os quais Cícero escreve uma obra em três tomos denominada *Ufficii*: *Os Deveres*.

Para explicar a validade moral de atos comportamentais de compreensão acessível para a grande maioria dos mortais, os estoicos introduzem o conceito de dever (*kathékon*). Dever é a obrigação de praticar atos morais com plausível e razoável justificativa de licitude, na perspectiva de honestidade. O povo em geral desfruta de entendimento limitado acerca do valor ético em si do ato bom, mas sabe que deve praticá-lo.

Diversa é a atitude do sábio. Ele vê, sabe e entende até à raiz o significado da honestidade.

Daí resulta que a ação moral é exequível sem que o agente responsável por ela esteja em posse plena da verdade.

Outra preciosa contribuição de Panécio foi o repúdio à teoria extremista da apatia, que destituía da alma o clima das emoções passionais e até dos sentimentos cândidos.

7.2 Posidônio, nascido em Apanca entre 140 e 130 a.C. Discípulo de Panécio, dá continuidade às suas ideias.

Na questão da verdade, Posidônio ensinava que também outras correntes do pensamento, além da estoica, poderiam encontrá-la. Enseja assim a infiltração da filosofia aristotélica na estoica.

O general romano Pompeu, que visitou Posidônio em Rodes já no final da vida e prostrado por grave enfermidade, conta que o filósofo, nos momentos em que a dor era mais intensa, repetia: "Não esqueça, ó dor! Estou doente, sim, mas nunca admitirei que sejas um mal."

Era, então, coerente com a doutrina estoica, segundo a qual a dor física não é um verdadeiro mal.

Luiz Feracine

APÊNDICE VII

O CETICISMO

1. Pirro

1.1 Pirro, nascido em Élis, entre 365-360 a.C., implanta, no campo da filosofia, o conceito de cético, em grego *sképis* com significado de pesquisador.

1.2 Pirro professa que, dada a dificuldade de entendimento confiável sobre a realidade do ser das coisas, o sábio fica impedido de declinar seu assentimento. Cumpre então "suspender o juízo" (*epoché*), já que não se pode afirmar a verdade ou a falsidade sobre qualquer coisa ou fato.

Essa atitude de abstenção, vetando emitir juízo e valoração, torna o homem indiferente diante de qualquer situação. Isso equivale à plena *ataraxia* ou ausência de perturbação. Assim, a felicidade se situa distante da verdade e da virtude, que supõem decisões judicativas sobre o valor objetivo das coisas.

O posicionamento gnosiológico de Pirro teve receptividade até entre os frequentadores da Academia, que prestigiavam a doutrina platônica sobre o conhecimento intelectivo. Aderindo à teoria do ceticismo, os afiliados a Pirro instauram a "Nova Academia", que teve como representantes Carnéades, Sexto Empírico, Arcesilau e Tímon.

1.3 Seja, aqui, recordado que Tímon de Fiunte (+ 230 a.C.) foi o maior divulgador do pensamento filosófico de Pirro, já que redigiu tudo quanto ouvira do mestre e cuidou de repassar para seus discípulos.

2. *Arcesilau*

2.1 Nascido em Pitana e morto em 240 a.C., dirige a Academia platônica, articulando uma composição da filosofia de Platão e de Aristóteles com o pensamento de Pirro.

Antes do mais, rejeita o critério de verdade aceito pelos estoicos e conhecido como representação cataléptica.

2.2 A crítica de Arcesilau é: se a representação do objeto conhecido depende do assentimento para ser verdadeiro, então fica evidente que ele, em si, não contém verdade, mas é aceito como tal. Nenhuma representação encerra elemento de verdade a ponto de excluir a falsidade.

Portanto, o que resulta do consentimento não contém certeza nem verdade, mas apenas insinua possibilidade opinativa.

Já que não existe evidência plena e cogente da verdade, só resta praticar a suspensão do juízo (*époche*) ou abstenção de julgamento (*adoxia*).

2.3 Os estoicos rejeitam a tese do ceticismo, objetivando que assim a vida moral se torna impraticável, já que ela supõe certeza da validade honesta do agir.

Por sua vez, Arcesilau responde, propondo como saída o recurso lógico do *eulogon* ou do razoável. E argumenta assim: Os estoicos mesmos introduziram o conceito de dever como ação moral com justificativa plausível e razoável. Pois, dizem, enquanto só os sábios estão aptos para ações morais perfeitas e perfeitamente fundamentadas, os indivíduos não sábios estão capacitados somente para entender e cumprir os deveres. Daí se conclui que a ação moral é exequível sem a presença da verdade plena e da certeza. Eles agem com base num conhecimento de provável honestidade.

3. *Carnéades*

3.1 Nasce em Cirene, em 219 a.C.

3.2 Sua teoria de conhecimento professa como dogma intocável o ceticismo absoluto em relação à verdade. A mente humana não capta nem expressa a verdade. Em decorrência desse descrédito, não existe critério de verdade. Sobra, então, o único caminho a ser trilhado pelo intelecto: a probabilidade.

Já que a verdade objetiva é inatingível, a mente recorre ao provável (*pithanón*), isto é, aquilo que parece ser verdadeiro.

Quando o provável recebe reforço de argumentos confirmativos, então surge o probabilismo, que ganha credibilidade.

Luiz Feracine

APÊNDICE VIII

Ecletismo

Introdução

A partir do século II a.C., toma vulto a nova tendência denominada ecletismo (*ekleghein*, reunião de) cujo objetivo é colher em todas as correntes do pensamento o que ofereciam de mais coerente e aceitável, de sorte a ensejar uma estruturação unitária e convincente.

1. Fílon de Larissa

1.1 Por volta do ano 87 a.C., apresenta-se, em Roma, uma nova teoria sobre o conhecimento e a verdade. Discorda dos estoicos, que aceitam a representação cataléptica. Segundo Fílon, as coisas são incompreensíveis, mas, a considerar a natureza delas, são compreensíveis. Vale dizer: as coisas são incompreensíveis por nós; isso, porém, não impede que elas sejam em si e objetivamente compreensíveis.

Assim, Fílon admite a verdade ontológica, ainda que negue a verdade gnosiológica.

Em vista disso, o cético não pode dizer que a verdade não existe. Apenas declara que ele não a conhece.

Fílon chegou a tal posicionamento levado pela crítica de Antíoco à doutrina de Carnéades.

Dizia Carnéades: a) existem representações falsas que impedem as certezas; b) não existem representações verdadeiras que se distingam, perfeitamente, das falsas por seu caráter específico – e isso impede distinguir, com clareza, as representações certas das não certas.

1.2 Retrucando, Antíoco objetava: a primeira proposição, ao admitir a possibilidade de distinguir representações falsas, contradiz a segunda, que declara o contrário.

Logo, se for aceita a primeira, exclui-se a segunda; se for aceita a segunda, exclui-se a primeira. Em todo o caso, seria inconsistente o posicionamento de Carnéades.

1.3 Cícero, então, responde a Fílon: não é necessário eliminar, por completo, a possibilidade de verdade no ato de conhecimento, já que é exequível admitir a distinção entre o verdadeiro e o falso, no plano cognitivo. Na ausência de um critério firme que nos conduza à verdade e à certeza, resta o acesso às aparências, que levam à probabilidade. Se não chegamos à percepção segura da verdade objetiva, pelo menos já nos aproximamos dela mediante o critério da probabilidade.

2. Antíoco de Áscalon

2.1 Depois de corrigir a tese de Fílon, professa que a verdade não só existe nos fatos, mas é cognoscível. Retorna assim ao conceito aristotélico de certeza veritativa. Cícero qualifica-o de autêntico estoico, já que supera a fase crítica do ceticismo.

3. Cícero

3.1 Nasce em 106 a.C e morre em 43 a.C. Ele faz uma combinação sutil de teses de cunho epicurista, cético e estoico. Em questões éticas, Cícero pende mais para o alinhamento estoico.

Ele é reconhecido pelos historiadores como o maior divulgador do pensamento grego no mundo romano.

Luiz Feracine

A Tranquilidade da Alma

Introdução

1. Sereno[1], um amigo de Sêneca, em suposto diálogo com o mestre, manifesta-se como iniciado nos preceitos éticos da filosofia estoica, mas ainda ressente e muito do seu passado em que teria professado o epicurismo, doutrina que pauta o valor da existência pelo volume e desfrute do prazer sensitivo. Agora, qual noviço na senda do ascetismo moral que avalia a felicidade mais pela moderação criteriosa no atendimento aos apetites, Sereno expressa suas apreensões prenhes de incerteza e insegurança. Parece não estar ainda de todo realizado na rota que faz da virtude o esplendor da vida direcionada para a prática da honestidade como meta ideal de existência terrena.

Com franqueza, Sereno exterioriza sua angústia interior. Ele está assediado por um batalhão aguerrido de dúvidas atrozes. Será que valeu mesmo a pena optar pela meta da virtude?

Em razão disso, cobra de seu orientador, Sêneca, esclarecimentos e incentivos a fim de prosseguir, com mais coragem, escalando a subida para o altiplano da sabedoria cuja plenitude dispensa complacência para com as paixões que sempre subjugam, escravizando e perturbando o espírito.

Em suma, Sereno toma consciência de seu distanciamento daquele estado de bem-estar decorrente do equilíbrio ornado com a aura da tranquilidade da alma. Ele está completamente instável. Essa sua in-

(1) Âneo Sereno, amigo de Sêneca, era um jovem que chefiava a guarda noturna de Nero. Ao mesmo o filósofo dedicou três obras do seu lavor: *A Perseverança do Sábio*, *A Tranquilidade da alma* e *O Lazer*

segurança manifesta-se na troca incessante de ocupações e de perspectivas. Ele, ora se ocupa de uma coisa, ora de outra.

É então que apela para o monitoramento do amigo Sêneca. Pede o remédio que vai dar fim àquele estado de flutuação interior com reflexos na vida de família e de trabalho tanto privado como público.

2. Depois de ouvir a Sereno que descortinou, ante os olhos do mestre e orientador, a própria interioridade marcada pela insegurança de propósito existencial, Sêneca capta e analisa o quadro psíquico do discípulo.

De princípio, o diagnóstico nada registra de grave. Não se trata de transtorno estrutural e, sim, de ligeiro desajuste.

O primeiro e o mais difícil passo já foi dado. Sereno optou, corajosamente, pela filosofia estoica, que fez do bem honesto o ideal de sua vida. Daí para frente, todo o desempenho de sua atividade está vinculado ao preceito da moderação que gera tranquilidade no espírito. A lei, agora, edita: "nada em excesso".

Entrementes, sucedem as fases intermediárias de transição entre a inconstância e a estabilidade definitiva que reina, no patamar da virtude consolidada, de onde deflui o clima realizante da felicidade cuja exuberância identifica-se com a verdadeira sabedoria.

Na ânsia de antecipar esse almejado estágio existencial, o espírito humano é tomado de enfado diante das próprias vacilações, sempre repetidas, que findam em perspectivas frustrantes de acabrunhamento urdido num ranço de melancolia.

O que caracteriza esse estado psicológico de carência, em que a falta de estabilidade tranquila reflete-se no desgosto de si mesmo, é poder alcançar nível de insuportável decepção.

A fim de convencer o discípulo a respeito da exiguidade do mal que o afeta, ainda que desagradável, Sêneca passa a descrever com detalhes, as enfermidades graves de indivíduos que se desviaram, de vez, do rumo certo e seguro que conduz à posse daquela tranquilidade de espírito, quando já estavam vizinhos do sumo bem e dos deuses no céu.

3. O filósofo Atenodoro também professa filosofia estoica. Os historiadores não o conseguem identificar. Para uns é o mestre de Augusto e discípulo do grego Posidônio. Para outros seria o amigo de Catão.

Como estoico convicto Atenodoro privilegia a virtude qual valor máximo que dignifica o ser humano.

No seu modo de apreciar a influência das circunstâncias temporais, quando elas militam contra a paz interior, impedindo o clima de tranquilidade, Atenodoro aconselha a técnica do afastamento. Assim que o indivíduo se vê atormentado pelos azares da vida pública, que então volte-se para o retiro e enclausure-se na solidão da vida privada. Nem por isso deve interceptar a comunicação com seu semelhante. A sabedoria e a virtude irradiam-se. De dentro de casa, no silêncio do isolamento, o sábio consegue influir, de modo eficiente, sobre o mundo de fora.

A solidão da pessoa digna encontra canais de diálogo com o mundo exterior. Pela boca de Atenodoro, Sêneca deixa uma belíssima advertência para quem, vitimado pela truculência dos donos do poder, está enclausurado e impedido de comunicar-se com o grande público. Declara ele: "*Numquam enim quamvis obscura virtus latet, sed mittit sui signa; quisquis dignus fuerit, vestigiis illam colliget*" ("Nunca, embora oculta, a virtude deixa de emitir sinais de si; quem for digno, capta seus vestígios").

4. Este capítulo pode ser qualificado como curso de ética para o desempenho correto de atividade pública, seja na área de negócios e empreendimentos particulares, seja na área de funções oficiais como as de político ou de magistrado.

Sêneca, de princípio, discorda de Atenodoro que se manifesta um tanto temeroso diante das contradições da vida social e aconselha imediato recolhimento à privacidade. Sêneca discorda da tomada de tal medida, quando em ritmo precipitado. Ele vai exigir mais coragem, constância e discernimento.

Caso seja necessário retirada para a privacidade, não é por isso que o cidadão perde espaço de trabalho para o bem de seu semelhante.

As opções para atuar em favor do semelhante são múltiplas e todas elas fecundas. Ainda que recluso, na solidão, o indivíduo tem vetores produtivos de influência sobre a sociedade circunstante.

Logo mais, Sêneca vai demonstrar que o silêncio também é eloquente, porque o exemplo fala, exorta e convence mediante seu mutismo, que exala o odor saudável e cativante das virtudes.

5. Sêneca recorre à figura profética de Sócrates, que, em meio à opressão, encontrou espaço para desempenho de sua missão social. Ele, apesar da tirania reinante, incentiva e conforta os atenienses.

Apesar de sua coragem, a morte silenciou-o, mas seu exemplo continua brilhando como modelo para todos, seja na opressão, seja na liberdade democrática.

O que importa é não ser omisso, já que o pior dos males é viver como morto, tendo olhos para ver e não enxergar, ouvidos para ouvir e não escutar e boca para falar, mas trancada pela "sacra lei do silêncio".

Assim Sêneca, embora disso não tivesse consciência, ainda mais por ser pagão, descreve a dimensão "profética" que iria qualificar a presença do discípulo autêntico de Cristo em meio à corrupção reinante: não ter medo de denunciar os focos de pestilência moral que afetam a comunidade circunstante e a abrangente.

6. Sêneca estabelece três critérios para aferir a oportunidade de abandonar a vida pública e recolher-se à privacidade. O primeiro critério edita: fazer uma análise da própria pessoa e avaliar suas condições de ação.

Depois, sopesar os tipos de negócios e empreendimentos que se apresentam.

Por fim, avaliar os tipos de pessoas que nos circundam. Isso será desenvolvido no capítulo seguinte.

7. Sêneca se detém na análise do terceiro critério seletivo, a saber, a escolha das pessoas para compor a grêmio da amizade.

Claro que o ideal seria reunir um grupo de indivíduos de alto padrão ético-moral. Como tal elite é deveras difícil de ser encontrada, então cumpre ser realista e escolher os melhores entre os piores. Mesmo assim há limites. Certos temperamentos voltados para a intranquilidade e acicatados pelo gosto de lamúria concorrem para perturbar e até para inviabilizar um encontro de bons amigos.

8. Comparando as diversas fontes que causam sofrimento para o ser humano, a riqueza leva a primazia. Em vista disso, Sêneca edita como princípio ético: é mais tolerável a dor de não possuir riqueza do que a de perdê-la.

Sêneca parte da hipótese segundo a qual os prejuízos provocados pela pobreza são menores do que o desmoronamento de poderosa estrutura financeira. Para ele é preferível nada adquirir do que tudo perder. A prova de que lança mão é o espetáculo facial: ostenta fisionomia mais descontraída o pobre que o indivíduo bafejado pela fortuna, mas, depois, precipitado na miséria.

Depois de citar exemplos de indivíduos desapegados dos bens terrestres, Sêneca aconselha: é melhor ter patrimônio modesto. Assim os infortúnios perdem espaço.

Em questão de dinheiro, adverte: nem pobreza nem fortuna, mas meio-termo.

9. A seguir, Sêneca destila a projeção de medidas práticas direcionadas para a conquista da dificílima virtude da parcimônia. Não bastam os limites da modéstia ou moderação. É necessário algo mais como só aplacar a fome e mitigar a sede, visando o suficiente para atender à necessidade fisiológica. Coibindo qualquer impulso que sirva de estímulo passional, deve-se atender aos desejos da natureza, mediante dispêndio mínimo de recursos. Enfim, um conforto relativo.

Sêneca critica aqueles que gastam somas enormes em livros adquiridos só para encher a biblioteca e não para alimentar a busca do saber.

10. Ao dissertar sobre a arte de enfrentar a infelicidade, Sêneca manifesta sua habilidade de terapeuta na área da psique humana. As contrariedades amenizam-se, quando encaradas mansamente. Qualquer mal perde sua pungência, quando visto pelo prisma da aceitação complacente.

Há, sim, limites intransponíveis. Assim como cada indivíduo recebeu da natureza sua carga genética, do mesmo modo ele se defronta perante condicionamentos que não dependem de sua escolha. Daí aquela sentença: "A vida toda é uma servidão" ("*Omnis vita servitium est*"). Diria em inglês: "*All life is a servitude*".

Que resta então fazer? Sêneca ensina como conquistar, apesar de tudo, a felicidade pessoal. Basta saber acomodar-se à própria condição e fazer dos limites pessoais a fonte perene de conforto.

11. O grau de desprendimento dos bens materiais e da própria vida, na concepção de Sêneca, identifica-se com o ascetismo acendrado da mística conventual dos monges cristãos. A justificativa que a filosofia estoica apresenta para tal renúncia é a seguinte: o indivíduo tem consciência de ter recebido o dom da vida qual empréstimo e por isso sujeita-se à devolução segundo os caprichos dos deuses. O que estrutura a existência é esse fato que em nada diminui a autoestima. Antes pelo contrário, é estímulo de responsabilidade em meio aos favores recebidos do alto.

Eis então como Sêneca encara a morte: "não me revolto contra o destino e agradeço pela oportunidade que me foi dada de desfrutar dos bens da vida".

A atitude mais sábia consiste em estar prevenido. O indivíduo cauteloso também sofre impacto, mas sabe, de antemão, como amenizá-lo.

12. Outra fonte não menos nefasta que causa inquietação é a vadiagem irrequieta. Sem programa definido para ocupar as horas do dia, há indivíduos que empatam o tempo em atividades fúteis. Essa habilidade em manusear fumaça deixa um lastro de frustração que atormenta e agita tanto quanto o costume de distrair-se com o falatório frouxo de fofoqueiros, urdidos em mexericos intrigantes.

13. Sêneca volta a insistir na atitude do indivíduo cauteloso que se põe na prevenção, sempre a esperar o lado pior do imprevisto e que anda de alcateia. Conclui: o pesar causado pela decepção é menor, quando previsto.

14. Outra advertência oportuna consiste em saber conviver, habilmente, com circunstâncias adversas. Importa ter flexibilidade, evitando excesso de rigidez nos planos da vida, mas, de outro lado, não debandar para a total versatilidade. Ambos esses defeitos prejudicam a tranquilidade do espírito.

15. Se já existem obstáculos para a superação das causas da inquietação mental, então a situação fica mais difícil, quando se considera o clima generalizado de corrupção moral que tomou conta da sociedade. Não se sabe mais como reagir. Para uns a solução está no riso do deboche. Para outros nas lágrimas da tristeza e da vergonha. Sêneca aconselha uma atitude de comiseração, sem cair nos extremos de ridicularizar ou de chorar a miséria do gênero humano, atolado no lamaçal dos vícios.

16. Segundo a filosofia estoica que Sêneca professa, o ser humano, na busca constante da vida feliz em plenitude de tranquilidade de espírito, defronta-se com um adversário invencível, a saber, o capricho do destino. A única atitude para enfrentar o destino é a coragem sedimentada na fortaleza de caráter. Aliás, a história mostra que indivíduos insignes, na verdade, souberam arrostar um destino trágico, mas por isso mesmo ganharam ingresso direto no convívio dos deuses.

17. Outra fonte de inquietude interior é a desarmonia entre o comportamento externo ou social e a autenticidade da pessoa. Importa aparecer o que de fato o indivíduo é. Viver, camuflando a própria personalidade, gera constante preocupação. Nem por isso a gente fica a salvo dos críticos ferinos que nada poupam.

18. Sobrevém outra advertência prudencial: temperar a vida retirada com momentos de sociabilidade. Multidão e solidão devem ser compostas de sorte que uma compense os efeitos negativos da outra.

19. Nada negligenciável saber alternar trabalho com descanso. Mesmo, ao longo da jornada ativa, escolher o momento plausível de repouso recuperador de energias.

20. Sêneca encerra seus conselhos, falando da bebida. O uso moderado do vinho contribui para superar momentos de aflição inquietante.

Luiz Feracine

CAPÍTULO I

As Dúvidas de Sereno

1. Olhando para meu interior, ó Sêneca, constato certos defeitos tão à mostra que os poderia tocar com a mão. Há outros menos salientes que se acobertam em região obscura. Outros ainda descontínuos com surgimento intermitente. Estes, ouso assegurar, são os mais molestos. Parecem com inimigos imprevisíveis que assaltam, no momento para eles oportuno, sendo que em relação a eles a gente duvida entre estar em pé de guerra ou tê-los como parceiros na paz.

2. A disposição na qual eu me encontro, com mais frequência (aliás, porque não admitir a verdade perante tua pessoa como ao médico?), é aquela de não estar, plenamente, liberto de coisas que tenho, sim, temido e odiado, embora não esteja, de todo, submisso a elas.

O estado em que me deparo, se não é o pior, não deixa por isso de ser lastimável e incômodo. Afinal, eu não estou nem enfermo nem sadio.

3. Não me venhas dizer que toda virtude é tênue nos seus primórdios, mas o decorrer do tempo lhe comunica firmeza e vigor.

Também não ignoro que as coisas que timbram por aparecer ao público tais como os cargos honoríficos, a fama da eloquência e tudo o mais que depende do sufrágio alheio, só, ao longo do tempo, consolidam-se. Por sua vez, aquelas outras que comunicam forças autênticas, a fim de nos seduzirem, com sua feição colorida, necessitam aguardar longos anos até que, gradualmente, suas cores acentuem-se.

Entrementes, receio o hábito que, ao enrijecer todas as coisas, consolide, em mim, determinado vício, já que, seja com o mal, seja com o bem, a convivência prolongada gera afeição.

4. Qual seja essa fraqueza de alma que vacila entre a retidão aguerrida e o declive da lassidão, não saberia explicar, devidamente, em poucas palavras. Direi o que está ocorrendo comigo e tu encontrarás o nome da enfermidade.

5. Confesso que estou possuído de um amor intenso pela parcimônia. O que me agrada não é nenhum leito de faustoso conforto, nem vestes retiradas da arca e prensadas(2) sob inúmeros pesos a fim de recuperarem o lustro, mas roupa simples e barata que, sem exagero de cuidado, é conservada e assumida para uso.

6. Aprecio refeição que não foi preparada por muitos escravos e que não é observada por eles e nem encomendada com muitos dias de antecipação ou servida por muitas mãos. Os meus são pratos comuns e de fácil preparo porquanto nada têm de exótico ou de sofisticado(3). Oxalá não faltem em lugar nenhum nem sejam gravosos para o bolso ou para a saúde nem tornem a sair por onde entraram(4).

7. São do meu gosto tanto o criado inculto como o doméstico rude; a baixela de prata do meu pai, homem simples, sem gravação com o nome do artífice; também uma mesa sem exuberância de cores nem com a distinção da parte de donos conspícuos que, sucessivamente, possuíram-na e por isso famosa pela cidade toda; mesa que posta a uso não desperte para a volúpia os olhos dos comensais nem inflame a inveja.

8. Enquanto tais coisas já me compraziam, eis que me encanta a pompa de algum pedagogo(5), cuidadosamente trajado e mais ornado

(2) Sêneca menciona o "*prelum*" ou prensa de apertar papel ou tecidos. Daí o atual termo "prelo" usado para designar o mecanismo movido à mão para tirar provas tipográficas. A locução "no prelo" diz-se de livro que está por ser publicado.

(3) Descrição do faustoso costume dos ricos que faziam da mesa o lugar repleto de alimentos aprimorados para abastecer a volúpia do apetite.

(4) Os antigos romanos cultivavam o hábito nada saudável de regurgitar, isto é, expelir pela boca, a comida a fim de prosseguir, desfrutando do banquete. Ao referir tais extravagâncias na moda, Sêneca projeta a imagem do epicurismo prático. Vida feliz para aqueles indivíduos equivalia a saciar o apetite, comendo e bebendo.

(5) O texto latino diz "*apparatus alicuius paedagogii*". "*Paedagogium*" designava a Escola para escravos destinados a ofícios mais elevados. Por extensão o termo "*paedagogium*" é aplicado ao escravo-chefe

de ouro do que figurante em desfile público[6], sendo ainda que outros, de igual deslumbramento[7], fazem-lhe a corte.

Também fascina-me uma residência, onde se pisa em tapetes preciosos e, por todos os lados, a riqueza resplende até no fulgor do teto. Ali, o povo se faz de cortesão e comprime-se dentro daquele fausto perdulário.

Que dizer então daquelas águas cristalinas até o fundo a rodearem as salas de festins e daqueles banquetes dignos de tal ambiente?

9. Saindo de um longo estágio de frugalidade, eis que me circunda, com seu esplendor, esse luxo estuante de sonoridade difusa.

Minha visão fica um tanto titubeante, enquanto a mente enfrenta, com mais vigor do que os olhos.

Dali eu me afasto não pior, porém, acabrunhado. Não mantenho a cabeça levantada em meio aos meus míseros bens porque estou cabreiro pela dúvida que me assedia: outro estilo de vida não seria melhor? Nenhuma dessas coisas modifica minha personalidade, se bem que todas elas me deixam um tanto abalado[8].

10. Decidi acatar os imperativos dos preceitos e ingressar no interior da vida pública. Aí, me empolgam as dignidades e os fasces[9]. Não que a púrpura ou as varas do litor seduzem, mas o fato de assim estar em condição de melhor servir a meus amigos, parentes e todos os demais cidadãos como, enfim, a todos os mortais.

Pronto e determinado sigo a Zenão, Cleanto e Crisipo[10]. Nenhum deles tomou parte na vida pública, no entanto, nenhum deles se omitiu em direcionar seus discípulos para lá.

---

dos serviços caseiros e também às crianças que frequentavam aquele tipo de Escola. Por sua vez, a palavra "pedagogo" significa o escravo que acompanhava as crianças, levando-as da residência à escola. Por extensão o termo expressa também o significado de guia, condutor, preceptor.

(6) Pelo visto, os desfiles públicos faziam parte da vida social dos romanos.

(7) Sereno já tinha começado a enamorar-se dos preceitos da moral restritiva dos estoicos, mas, aqui, declara que a tentação do luxo o aliciava de modo veemente.

(8) A última frase deste parágrafo merece ser registrada em texto original: "*Nihil horum me mutat, nihil tamen non concutit*". De fato, não é porque adotamos princípios diretivos para o comportamento pautado pelo valor da honestidade que o cenário circunstante, com sua força aliciante, perde influência de atração, muitas vezes, conflitante com o direcionamento preferido. Importa não perder a oportunidade do confronto em sede de reflexão entre as direções assumidas e não admirar se o apetite coartado exale sua frustração. Talvez em razão disso é que Sereno declara sentir-se "abalado" interiormente. Em inglês, dir-se-ia: "*None of these things changes me, yet none of them fails to disturb me.*"

(9) Fasces: feixes de varas com que os litores acompanhavam os cônsules. Era o símbolo do poder de punir. Seja, aqui, lembrado que o "*litor*" era um oficial que servia aos magistrados romanos. Quando saíam para as praças a serviço da justiça, na mão direita seguravam uma vara.

(10) Os três filósofos aqui mencionados são expoentes do estoicismo. Zenão (325-246 a.C) foi o fundador, enquanto Cleanto (331-233 a.C.) e Crisipo (278-204 a.C) figuram como discípulos dele.

11. Quando algo de insólito punge meu espírito ainda não afeito a impactos, quando sobrevém algo de vergonhoso tal como, de rotina, ocorre na vida ou algo difícil de ser superado; quando coisa de exígua monta e de pouco apreço tomam muito tempo, então retorno para meu descanso. Tal como acontece com o rebanho fatigado que caminha mais apressado de retorno para o curral, também eu, mais lépido, caminho para meu lar. Nada mais gratificante que se encerrar entre as paredes. Oxalá ninguém me furte um único dia, já que nunca iria poder me pagar tão onerosa perda. Ali, o espírito prende-se a si mesmo. Fica como que colado e não se imiscui em nada de alheio ou de sujeito à opinião de terceiros. Que, ali, seja estimada a tranquilidade isenta de qualquer preocupação pública ou privada.

12. Desde que uma leitura estimulante acordou meu espírito e nobres exemplos o incentivaram, tornou-me grato acorrer para o fórum com intento de oferecer a esse uma palavra, àquele um serviço, ainda que de pouco proveito, mas visando ser de utilidade. Assim, em meio ao fórum, freio a soberba daqueles que a prosperidade torna insolentes.

13. Segundo meus estudos, creio ser melhor visar a substância das coisas e falar motivado por elas, proferindo palavras adequadas de modo que para onde as ideias se direcionam a conversação caminha espontânea.

Para que então elaborar obras que durariam por séculos? Queres agir assim para que os pósteros não te esqueçam? Ora, para a morte é que nascemos. Um funeral silencioso é mais tranquilizante.

14. De quando em vez o espírito eleva-se, com a magnitude do pensamento. Fica então ávido de vocabulário e almeja, sofregamente, por uma linguagem adequada para expressar a nobreza do assunto.

Esquecido das normas e dos critérios estritos, eu me direciono para as alturas e falo com um língua que já que não é minha mais.

15. Para não me deter em detalhes, aceno para o fato que, em todas as minhas preocupações, acompanha-me certa timidez repleta de boas intenções. Receio pender, paulatinamente, para elas ou, e isso seria mais angustiante, ficar inclinado, de vez, como que a ponto de cair, sendo tal pendor maior do que penso, já que as coisas costumeiras perecem normais e sempre são avaliadas de modo complacente.

16. Creio que muitos indivíduos poderiam ter chegado ao patamar da sabedoria, se não tivessem julgado já estarem, ali, ocultando alguns de seus defeitos ou fechando os olhos para outros.

Não há motivo para pensar que a bajulação alheia seja mais nociva do que a nossa. Com efeito, quem ousaria proferir verdades para si mesmo? Quem, em meio à multidão dos que aplaudem e bajulam, não se atribui méritos ainda mais elevados do que os elogiados?

17. Eu te peço. Se tens remédio para sustar esta minha flutuação, que me julgues digno de dever a ti minha tranquilidade.

Sei que estes movimentos de alma não são lá tão perigosos nem me acarretam perturbações de gravidade. Para lançar mão de uma imagem do mal de que me queixo: não me agita a tempestade e, sim, o enjoo.

Afugenta de mim o que isso tem de malévolo e socorre o náufrago de olhos voltados para a praia.

CAPÍTULO II

De Sêneca para Sereno

1. Eis que venho inquirindo, em silêncio, desde há muito tempo, ó Sereno, a que poderia comparar a tal disposição de ânimo. Nada me parece mais adequado que a disposição daqueles que, saídos de uma grave e longa enfermidade, sentem-se, de quando em quando, molestados por incômodos passageiros e leves. Embora já livres das sequelas do mal, inquietam-se com suspeitas e por isso apresentam o pulso ao médico porque interpretam como algo de maléfico qualquer onda de calor.

O corpo de tais pessoas, ó Sereno, nada tem de doentio. Elas apenas estão pouco habituadas com a saúde. É como tremor em mar tranquilo, depois de passada a tempestade.

2. Não se fazem necessários aqueles recursos drásticos aos quais já temos recorrido, anteriormente, como: resistir a si mesmo, censurar-se e atormentar-se. Agora, o que vale é confiar em si mesmo, persuadido de caminhar na retidão, sem deixar-se levar por trilhas desviantes como daqueles que vão de um lado para outro, enquanto alguns se perdem bem às margens do caminho.

3. O que desejas é algo de grandioso e mesmo de máximo, situado perto de Deus: não ser abalado(11)(11).

(11) Seja esta frase de Sêneca, no original latino: "*Quod desideras autem magnum et summum est deoque vicinum, non concuti*". Em inglês, dir-se-ia: "*But what you desire is something great and supreme and*

Os gregos denominavam esse estado de estabilidade da alma "*euthymia*". *Sobre esse tema Demócrito escreveu uma obra excelente. Eu chamo de* tranquilidade. Não é preciso imitar ou transferir vocábulos, mantendo a forma. A coisa mesma da qual se trata, mediante alguma palavra, seja designada. Assim interessa o que tem a força de significação do termo grego, embora sob outro formato vocabular.

4. Investiguemos como é que a alma possa caminhar, com passo igual e progressivo; como ver tudo com alegria, sem que tal gozo se interrompa porquanto persiste plácido, sem exaltação nem abatimento. Eis o que é tranquilidade. Procuremos, em geral, saber como alcançá-la. Tu então tomarás, a teu gosto, desse remédio universal.

5. Ao submeter esse mal-estar, por inteiro, à exame, cada um descobre a parte que, de fato, toca a própria pessoa. Ao mesmo tempo, vais entender quanto de diminuto o problema pessoal, quando comparado com outros que se ligam à determinada profissão de destaque ou a algum título honorífico. Ali, mais por vergonha que por decisão própria, reina a simulação.

6. Todos aqueles indivíduos são vistos sob o mesmo ângulo, quer os vexados por sua contínua instabilidade e consequente desgosto devido à mutação de propósito, sendo-lhes sempre mais grato o que deixaram de lado, quer aqueles que se afrouxam e bocejam.

Acrescenta a essa categoria aqueles que não diversamente dos que têm sono difícil, mudam-se de um lado e para outro até que o cansaço traga o repouso.

Eu me refiro àqueles que, depois de muito mudarem no estilo de vida, acabam assumindo não o que os deleita e, sim, o que é imposto pela velhice já refratária a inovações.

Sejam somados a esses os poucos franqueados a qualquer tipo de mudança, não por obstinação, mas por inércia, já que vivem não como desejam e, sim, porque assim sempre viveram.

7. Pelo visto são variadas as dimensões do mesmo mal, mas um e mesmo é o efeito, a saber, o descontentamento de si mesmo.

Isso nasce das inclinações da alma ou da apetência tímida ou pou-

---

very near to being a god – to be unshaken".

co realizável, já que não ousam a quanto desejam ou não conseguem. Assim, ficam repletos de expectativas sempre trepidantes. Ora, isso é típico dos irresolutos.

Realmente, eles tentam, por todos os meios, alcançar seus objetivos. Para suas práticas indecorosas e difíceis eles se instruem e incitam. Quando seu empenho fica frustrado, sofrem não por terem objetivado algo de mau, mas por tê-lo almejado sem resultado.

8. Então eles ficam apreensivos, seja por causa do arrependimento de assim terem encetado a vida, seja pelo temor de reincidir.

Daí advém aquela agitação por não encontrarem bom resultado porquanto nem dominam os apetites nem a eles se submetem de todo. Decorre então aquela minguada expansão de vida e o consequente amolecimento de ânimo perante as frustrações de seus sonhos.

9. Todos os incômodos se agravam, quando, longe dessa molesta angústia, encontra-se refúgio ou no ócio ou nos estudos solitários aos quais não consegue suportar um espírito aberto para assuntos públicos e devotado às atividades porquanto, sendo de temperamento ativo e inquieto, pouco conforto encontra em si mesmo.

Assim, privado dos deleites que aquelas ocupações proporcionam a quantos as procuram, não suporta sequer a casa, o isolamento e as paredes. Com desgosto, olha para si como um abandonado.

10. Daí aquele aborrecimento ou desgosto de si mesmo. Tal o desassossego de espírito que, em lugar algum, encontra repouso, sendo que, ali, projeta aquela aflitiva intolerância da própria inércia cujas razões não ousa confessar. Assim, aquelas suas ambições, encarceradas em sua estreiteza sem evasão, asfixiam-se a si mesmas.

Daí advêm tristeza, languidez e as mil flutuações de uma alma tomada pela indecisão. Ela mantém em suspenso as expectativas suscitadas que se frustram na desolação.

Em consequência, a disposição de abominar o próprio repouso e de lamentar por nada ter o que fazer e também de invejar, com fúria, o sucesso alheio. Aliás, a inércia indesejada alimenta a inveja e ambiciona ver a todos malogrados porque não logrou ter seu êxito na vida.

11. Dessa aversão pelo sucesso dos outros e do desespero por causa dos próprios fracassos, a alma irrita-se contra a sorte e queixa-se do século, enquanto se recolhe num canto e, aí, censura a própria penalidade porque sente canseira e até asco de si mesma. Tudo isso decorre do fato de ser a alma humana de natureza ativa e propensa para o movimento. Toda oportunidade de exercitar-se e distrair-se é lhe grata. Mais gratificante ainda para certos temperamentos dissolutos que se aliviam com a confusão em seus afazeres.

Tal como algumas feridas incitam o contato das mãos que as irritam ou tal como o corpo tomado pela sarna se compraz com o gesto de coçar, assim diria eu que, nessas mentes, a modo de chagas, brotam malévolas paixões cujo tormento equivale à sensação do prazer.

12. Existem, com efeito, certas coisas que, mesmo sob incômodo, dão prazer ao corpo tal como esticar-se na cama e mudar o lado não cansado, aliviando-se com a mudança de posição. O mesmo ocorria com o Aquiles de Homero(12), ora deitado de bruços, ora de costas, acomodando-se em várias posições por ser próprio do enfermo nada tolerar, por muito tempo.

Por isso ele faz da mudança um lenitivo.

13. Daí aquelas excursões sem destino definido e aqueles giros por praias ignotas ou por mares ou por terra em busca de experiência oposta ao que ocorre no fastio da situação presente.

Então aqueles apelos: "Agora, vamos para Campanha". Já enjoado das branduras da vida, outro apelo: "Vamos visitar regiões selvagens, o Brúcio e a Lacônia com suas florestas".

Verdade que algo de ameno desfruta-se naquelas paragens desertas, onde os olhos ardentes de prazer recreiam-se na selvageria de regiões inóspitas.

E ainda: "Vamos para Táranto(13), com seu porto e seu inverno de brandura, naquela região opulenta que sustentou seu povo de outrora."

Ou então: "Retornemos para a Urbe. Já faz tempo que nossos ouvidos estão distantes dos estrépitos os aplausos e da algazarra dos circos. Sentimos até saudade de ver derramar sangue humano."

---

(12) Homero, *Ilíada* (XXIV). Aquiles não se conformava com a perda do amigo Pátroclo.

(13) Táranto, na região grega, célebre pelo comércio, já não florescia tanto na época de Sêneca.

14. Assim, uma viagem após outra e um espetáculo que sucede ao outro. Como diz Lucrécio: "Desse modo cada um foge de si mesmo[14]."

Para que fugir, se não nos podemos evitar?

Já que seguimos sempre a nós mesmos, dessa intolerável companhia jamais nos desembaraçaremos!

Para concluir, estejamos bem conscientes do seguinte: o mal de que padecemos não provém dos lugares e, sim, de nós mesmos; somos fracos para tolerar qualquer incômodo; incapazes de aturar, por longo tempo, trabalho, prazeres e qualquer desconforto.

Isso levou muitos à morte porque as mudanças, indefinidamente, retornam para os pontos de partida, sem deixar perspectiva de novidade.

Daí advém o nojo pela vida e pelo mundo. Eis quando explode aquele clamor: "Até quando sempre as mesmas coisas[15]."

---

(14) Lucrécio (*Da natureza*, III, 1086). No original: "*Hoc se quisque modo semper fugit.*" Em inglês, dir-se-ia: "*Thus ever from himself doth each man flee.*"

(15) No original: "*Quousque eadem?*"

CAPÍTULO III

A Solução do Problema Relativo à Angústia que Gera Desânimo e Intranquilidade, Segundo a Doutrina de Atenodoro

1. Perguntas o que eu julgo deveres fazer como remédio contra tal estado de torpor tedioso.

O melhor seria, segundo declara Atenodoro, ocupar-se, de modo intensivo, tomando parte em cargos públicos e em compromissos sociais.

Há, com efeito, indivíduos que passam o dia, debaixo do sol, na exercitação e no cuidado com o corpo, porquanto para os atletas é muito mais útil dedicarem a maior parte do tempo em robustecer músculos e forças. De igual modo para vós que preparais o espírito para as lutas civis será coisa esplêndida consagrar-vos sempre a tal empenho.

Quem se propõe ser útil para os cidadãos e, em geral, para os mortais, ao mesmo tempo quem trabalha e produz, cuide de administrar, segundo seus talentos, os interesses comunitários e particulares.

2. Todavia, diria alguém: "Já que, em meio a tantas ambições de homens loucos e entre caluniadores que distorcem para o pior as retas intenções, aí, a simplicidade está pouco segura, sendo que, no futuro, há de contar mais com obstáculo do que com apoio, então é preferível retirar-se do foro e dos encargos públicos também porque não falta espaço de expansão para uma alma prendada, na vida privada."

Não é porque a fúria dos leões e de outros animais fica diminuta dentro das jaulas que por isso as ações humanas deixam de ser vigorosas, quando exsurgem da vida em retiro.

3. Ao retirar-se, seja onde for que acolha seu repouso, o indivíduo envidará por ser útil a todos e a cada um em particular, mediante o seu talento, palavra e conselho.

Pois não é só útil para o bem comum quem promove candidatos, defende acusados, opina a respeito de questões de guerra e de paz. Exortar a juventude, num tempo tão carente de bons professores de moral; incentivar os corações para a virtude; retrair quem se lança na busca do dinheiro e da luxúria e, na carência do melhor, retardar, ao menos, a queda, tudo isso já é agir em proveito do bem privado e do bem público.

4. Porventura serve mais ao bem público o pretor que julga questões entre estrangeiros e cidadãos ou, se é pretor urbano, ao repassar a fórmula que lhe dita o assessor, estaria, por ventura, realizando tarefa mais relevante que o filósofo que ensina o que é justiça e dever, o que é piedade, paciência, fortaleza, desprezo pela morte, ciência sobre os deuses e, por fim, como é segura e gratificante uma consciência honesta!?

5. Se gastas em estudos o tempo que subtrais dos encargos públicos, isso não significa que abandonaste ou desvalorizas tuas obrigações. Com efeito, não é apenas soldado quem está na linha de combate e defende um ou outro lado, mas também aquele que monta guarda junto às portas e lugares menos perigosos como também não é supérfluo fazer vigilância à noite e velar pelo arsenal. Tais funções nada têm de cruento, mas integram os deveres militares.

6. Ao te retirares para teus estudos, fugirás do fastio da vida. Não será por aborrecer o dia que desejarás noite nem te será pesada ou fútil a presença alheia. Atrairás incontáveis amigos e irão te encontrar pessoas boas. A virtude, ainda que em lugar obscuro, nunca fica oculta porquanto sempre emite reflexos de si. Quem possui identidade com ela, capta seus eflúvios.

7. Se interceptarmos toda comunicação social e renunciarmos ao gênero humano, passaremos a viver centralizados somente em nós mesmos, mas daí resultaria a mais tétrica solidão, toda ela carente de empenhos e vazia de ação. Começaríamos a edificar, de um lado e, de outro, a demolir; a repelir o mar, a desviar o curso de águas contra os acidentes do terreno, enfim, a desperdiçar o tempo que a natureza nos galardoou para consumir com proveito. Assim, alguns deles usam, com parcimônia, outros com prodigalidade. Uns gastam, fazendo cálculos atilados. Outros nada poupam e isso é imbecilidade.

Muitas vezes, um velho, já arcado pelos anos, não dispõe de outro argumento para demonstrar os anos vividos além de suas rugas e cabelos brancos[16].

(16) Viver sem um projeto existencial para caracterizar a presença em meio aos seres humanos, isso seria frustração para Sêneca. Eis como ele se expressa no original latino: *"Saepe grandis natu senex nullum aliud habet argumentum quo se probet diu vixisse, praeter aetatem."* Em língua inglesa: *"Often a man who is very old in years has no evidence to prove that he has lived a long time other than his age."*

CAPÍTULO IV

A doutrina de Sêneca complementa a de Atenodoro

1. Penso, ó caríssimo Sereno, que Atenodoro se rende, muito cedo, às circunstâncias do tempo e assim se retira precipitado.

Não nego haver caso que postula a retirada, mas que isso ocorra de modo gradual, com a salvaguarda das insígnias e da dignidade militar. Realmente, fica mais seguro e respeitado pelo inimigo quem se rende com as armas na mão.

2. Eis o que julgo conveniente para a virtude e para quem a cultiva: se o destino prevalece e intercepta os meios de ação, então nada de voltar, frouxamente, as costas e sair em busca de esconderijo como se houvesse lugar onde se escapa do destino. Que haja mais cautela, quando está em jogo o serviço público. Então seja escolhido, com critério, outra função de utilidade para o Estado.

3. Não podes ser militar? Então procura função política. Estás relegado à privacidade? Então sejas patrocinador de causas. Estás incluso na lei do silêncio? Presta apoio mudo aos cidadãos.

Tua presença no Fórum é perigosa? Nas residências, nos espetáculos, nos banquetes, manifesta-te companheiro bondoso, amigo, fiel, conviva moderado. Perdeu teus créditos de cidadão? Desempenha os de homem.

4. Daí porque nós, com galhardia exuberante, não nos enclausuramos dentro das muralhas de uma única cidade, mas temos franqueada a comunicação com o mundo todo e proclamado que temos por pátria o universo, propiciando à virtude o maior espaço possível de ação.

Estás excluído do Tribunal, da tribuna e dos comícios? Então olha, ao teu derredor, a vastidão do território e a quantidade de povo. Por grande que seja a área que te é vedada, jamais ela irá superar o que, agora, está reservado para ti.

5. Todavia, repara. Todo esse mal não provém de ti. O que não queres é ser útil à República como cônsul ou prítane ou *"ceryx" ou "sufet"*[17].

E daí? Por acaso apenas aceitas servir como militar, desde que só no posto de general ou tribuno?

Por mais que os outros estejam na frente dos combates porque o destino te situa na retaguarda, dali podes combater com tua voz, com teus apelos eloquentes, com teu exemplo e coragem.

Mesmo depois de ter as mãos amputadas, ainda resta como intervir na batalha, persistindo firme no teu posto e incentivando com a palavra inflamada.

6. Oxalá também te comportes de modo semelhante.

Se o destino te afasta dos cargos de liderança na República, então mantenha-te firme e ajuda os outros com teus brados inflamados. Se sufocam a goela, resista e coopera com teu silêncio. Jamais o esforço do bom cidadão será inútil. Aliás, ele sempre está a cooperar seja pela vista ou pelo ouvido, seja pela fisionomia ou pelos gestos, seja pela tácita obstinação ou até pelo modo de caminhar.

7. Há certos componentes medicinais que, sem serem degustados ou tangidos, agem pelo odor. Assim é a virtude. Sua utilidade, mesmo a distância e escondida, exala, seja ela efervescente e desimpedida de qualquer coação, seja que cerceada em sua expansão ou obrigada ao toque de recolher. Ainda que inativa, tácita, presa com rigor total ou aberta com plena naturalidade, ela, em qualquer hipótese, é frutífera.

---

(17) Prítane: magistrado supremo em algumas cidades gregas. "*Ceryx*": falta informação a respeito deste termo. "*Sufet*": era cargo público de realce em Cartago.

Julgas tu que seja de exíguo proveito o exemplo oriundo de uma quietude virtuosa[18]?

Por conseguinte, o melhor mesmo é temperar o repouso com a ação, sempre que esta não for embargada por impedimentos acidentais ou por circunstâncias políticas. Em todo o caso, jamais as múltiplas alternativas serão interceptadas de modo a não haver espaço para a prática de algum gesto de virtude.

(18) Merece este pensamento de Sêneca ser registrado no original: "*Quid tu parum utile putas exemplum bene quiescentis?*" Na língua inglesa: "*Why, then, do you think that the example of one who lives in honourable retirement is of little value?*"

CAPÍTULO V

Sêneca Persiste, Estimulando Sereno para a Prática da Virtude: Antes Morrer que Viver como Morto

1. Poderias encontrar uma cidade mais infeliz do que Atenas, quando martirizada pelos trinta tiranos[19]? Haviam trucidado mil e quinhentos cidadãos, dentre os melhores da população, sem dar trégua a própria crueldade que se fazia sempre mais ferina. Naquela cidade, existia o Areópago, o mais venerável dos Tribunais; ali, também o Senado do povo semelhante ao nosso Senado, onde se reunia, todos os dias, a sórdida corja de verdugos! E ainda a lamentável Cúria que se tornara estreita para os trinta tiranos!

Poderia, por acaso, ter tranquilidade uma cidade como aquela, onde havia tantos satélites quanto tiranos[20]? Ainda não se concebia a menor esperança de liberdade porquanto em lugar algum despontava o remédio contra causa tão pesada de infortúnio. Onde aquela cidade desafortunada iria encontrar outros tantos Harmódios[21]?

2. Sócrates, no entanto, fazia-se presente. Ele tranquilizava os senadores inconformados e exortava a quantos estavam desesperados ante uma possível recuperação da República. Aos opulentos, cuja riqueza era motivo de temores, ele censurava aquele tardio arrependimento de sua funesta ganância e oferecia a quantos o queriam

(19) Depois de derrotada por Esparta, Atenas ficou sob o controle governamental dos trinta tiranos (404 a.C.)

(20) "Satélites" eram os guarda-costas dos tiranos.

(21) Harmódio: assassinou o cruel Hiparco. Forte será aquele indivíduo que, ameaçado de todos os lados, enquanto escuta o fragor das armas e o ruído das algemas, não compromete a sua virtude como também não a oculta, já que preservar-se não é sepultar-se.

imitar o exemplo heroico do cidadão que caminha livre, tendo trinta déspotas ao derredor.

3. Apesar disso, a mesma Atenas levou à morte, dentro de uma prisão, aquele cidadão.

Quem desafiou, com coragem, todo o bando de tiranos, a liberdade não suportou que fosse livre. Saibas então que, mesmo numa República oprimida, há espaço para o honesto revelar quem ele é e, mesmo numa República florescente e feliz, reinam, de permeio, a petulância, a inveja e mil outros vícios camuflados.

4. Segundo a situação da República e conforme a sorte enseja, ou vamos expandir nossas iniciativas ou as conservamos. Em todo o caso, sempre estaremos nos ativando, sem permitir que o medo prevaleça.

5. Com razão, se não me falha a memória, Cúrio Dentato dizia ser preferível estar morto a viver morto. O pior dos males consiste em deixar de integrar o número dos vivos antes da morte. Apesar disso, se te coube viver numa época em que os assuntos políticos são de difícil manejo, então trata de dar mais espaço para o repouso e para os estudos. Tal como marujo em travessia perigosa, multiplica as escaladas. Sem esperar que os negócios nos licenciem, saibamos nos desprender deles.

CAPÍTULO VI

Critérios para Deixar os Cargos Públicos

1. Antes de tudo, devemos examinar a nós mesmos; depois, os negócios a serem promovidos; finalmente, as pessoas pelas quais e com a quais vamos trabalhar.

2. Antes de tudo, cada um principie testando suas capacidades, já que, com frequência, estamos convictos de poder mais do que somos. Assim, um fracassa pela confiança demasiada na sua eloquência; outro porque exagerou quanto à capacidade do seu patrimônio; um terceiro, de saúde fraca, ficou oprimido pelo trabalho penoso.

A outros a timidez torna pouco idôneos para negócios públicos que exigem cabeça erguida e firmeza. A outros a inflexibilidade de temperamento torna menos adequados para a corte. Outros há que não controlam a ira e qualquer contrariedade excita-os a prolatar palavras duras. Alguns não sabem impor limite a seu humor causticante nem se abster de ferinas piadas.

Para todos esses indivíduos é preferível o descanso da vida privada à vida de empreendimentos públicos. Um temperamento ardoroso e indócil deve evitar todo incitamento para uma independência perigosa.

Isócrates(22), com mão forte, retirou Éforo(23) do Fórum, quando viu que esse era mais apto para compor relatos da história. De fato, talentos mal direcionados reagem negativamente e seu trabalho fica infrutífero porque conflita com a própria natureza.

(22) Isócrates, famoso como orador grego (436-338 a.C.). Cícero apreciava o estilo retórico dele.

(23) Éforo: escreveu uma vasta obra de história. Obra que se perdeu ao longo dos tempos.

3. Após isso, devemos sopesar as obras que vamos empreender e medir nossas forças com os projetos em perspectiva. A força no indivíduo deve ser maior do que a do objeto, já que o peso excedente esmaga o carregador.

4. Além disso, há outras atividades que nada comportam de grandioso ou de frutífero. São aquelas que dão origem a novos e múltiplos outros afazeres. Delas devemos fugir e jamais nos achegar, quando daí não há saída fácil.

Aceitemos aquelas atividades em que nos sentimos seguros ou, em que, pelo menos, alimentamos esperança de poder levar a termo. Abandonemos aquelas que se complicam na medida do trabalho em curso e não findam onde foram pré-definidas.

CAPÍTULO VII

Critério Seletivo de Pessoas para o Círculo da Amizade

1. Haja cuidadosa seleção de indivíduos a fim de saber quais os dignos de receberem, em confiança, uma parte de nossa existência ou se, de fato, aproveitam do dispêndio de nosso tempo. Pois alguns consideram nossas deferências em relação a eles como se fosse saldo de dívida.

Atenodoro dizia que nunca iria cear mesmo com quem não se julgasse na obrigação de tê-lo como hóspede. Penso que entendes. Ele então jamais iria à casa de quem paga os deveres da amizade com convite para banquete, de quem computa pratos por dádivas como se a intemperança fosse homenagem aos convivas.

Aliás, elimine os convidados e os expectadores, então o banquete a portas fechadas não lhes proporcionará agrado.

2. Nada deleita mais o espírito do que uma amizade fiel e meiga. Nada mais gratificante que encontrar coração a que possas confiar qualquer segredo.

Quando crês estar tão seguro naquela consciência quanto na tua própria; quando o convívio dele mitiga a tua solidão; quando no parecer dele podes te apoiar; quando a hilaridade dele dissipa tua tristeza, eis então que aquela presença já provoca alegria.

A tais indivíduos, e sempre que possível, nós os escolhemos entre os isentos de paixões desregradas, dado que o vício transmigra para quem dele se aproxima, prejudicando pelo contágio.

3. Tal como uma epidemia, o cuidado consiste em não entrar em contato com o corpo afetado porque dele emana o perigo do mal. Basta o hálito para contaminar.

Assim também, na escolha de amigos, sejamos cuidadosos para não nos aproximarmos a não ser de indivíduos de exígua corrupção. Aliás, o início da enfermidade resulta da mistura de pessoas sãs com as enfermas.

Nem por isso, vou exigir que só indivíduo sábio seja o único alvo de simpatia ou atração. De mais a mais, onde encontrá-lo, se, há tantos séculos, estamos a sua procura!? O melhor mesmo é o menos mau!

4. Apenas poderias ser agraciado com uma escolha mais gratificante, se encontrasses bons amigos entre os Platões e os Xenofontes e em toda aquela ala de discípulos de Sócrates ou se te fosse dado retornar ao século de Catão que produziu tantos personagens dignos da era dele. Isso, não obstante, gerou também os piores facínoras de todos os tempos. É que uns e outros foram necessários para valorizar a figura de Catão. Os bons para medirem seus méritos e os ruins para testarem seu valor.

Hoje, com toda essa carência de gente de valor, devemos ser menos exigentes na escolha.

5. Evitem-se , de preferência, os tristonhos e os queixosos que descobrem motivo de lamento em tudo. Pelo fato que certo indivíduo demonstra fidelidade e benevolência não deixa de ser um inimigo da tranquilidade, sendo ele parceiro agitado e lastimoso de tudo.

CAPÍTULO VIII

Os Efeitos Negativos da Riqueza

1. Passemos, agora, para o tema referente às riquezas, onde está a maior fonte de sofrimento humano.

Tudo o mais de onde advém sofrimento tal como óbito, enfermidade, medo, anseio, intolerância de dores e trabalhos, sendo tudo isso comparado com os danos que se originaram da nossa riqueza, então o peso desta parte vai prevalecer e muito.

Por isso devemos atentar para o fato seguinte: é mais leve a dor de não possuir riqueza do que a de perdê-la.

2. Entendamos então que a pobreza tem tanto menos oportunidade de tormento quanto menos espaço para prejuízo. Vai ser puro engano pensar que os ricos suportam com maior coragem seus prejuízos. Igual é a dor dos ferimentos, seja em corpo grande, seja em pequeno.

3. Bion[24], com propriedade, dizia não ser menos molesto arrancar fios de cabelo de um calvo ou de um cabeludo. Isso vale para o rico e para o pobre. O tormento é igual porque, em um e em outro, o dinheiro adere de modo que não pode ser arrancado sem dor.

Eu costumo dizer: é mais tolerável e cômodo nada adquirir do que perder. Eis que são vistos como mais ridentes os indiví-

(24) Bion, poeta e filósofo cínico, na Grécia (séc. III a.C.).

duos nunca contemplados pela fortuna do que aqueles aos quais ela abandonou.

4. Isso foi visto por Diógenes, homem de ânimo insigne. Ele agiu de tal modo que nada lhe pudesse ser tirado.

Dirias que isso é miséria, necessidade e carência.

Podes dar a tal segurança o nome ignominioso que te apraz. Só acreditarei que tal homem não é feliz, quando encontrares outro que nada pode perder. Ou eu me engano ou ser rei é viver rodeado de indivíduos avarentos, falsários, ladrões, saqueadores, sendo ele o único ao abrigo de qualquer prejuízo!

Se alguém duvida da felicidade de Diógenes, poderá também duvidar do estado dos deuses imortais e questionar se realmente eles vivem bem aventurados, já que não possuem prédios, nem jardins, nem terras cultivadas por colonos, nem capitais a grandes juros, na praça do comércio.

Não te envergonhas por estares fascinado pela riqueza? Então olha para o céu. Aí verás deuses despojados, que tudo dão e nada retêm para si. Que pensas tu? Não é o pobre semelhante aos deuses imortais precisamente porque se despoja de todos os bens que dependem da sorte?

5. Chamas de mais feliz a Demétrio Pompeano[25] que não se envergonhou de ser mais rico do que Pompeu! Diariamente, era-lhe referida a lista de seus escravos como se ele fosse um general de exército. Bem para ele, pouco tempo atrás, já era riqueza ter dois substitutos de escravos[26] e uma cela um pouco mais ampla.

6. Por sua vez, Diógenes[27] tinha um só escravo, que fugiu. Quando mostrado onde se refugiara, julgou não valer a pena reconduzi-lo. Então exclamou: "Vergonhoso seria se Manes não pudesse viver sem Diógenes ou Diógenes sem Manes!".

Para mim é como se tivesse dito: "O destino cuida de teus próprios assuntos. Já nada tens de ti com Diógenes. Meu escravo escapou. Quem está livre sou eu!".

(25) Demétrio, famoso pela sua riqueza e prodigalidade. Ver Publarco *Pompeu*, 1-3.

(26) "Escravo-substituto", no original, "*vicarii*", isto é, "vigários". Hoje, é o título do sacerdote que ocupa uma sede de paróquia em nome de alguma instituição religiosa que figura qual titular da mesma.

(27) Diógenes, filósofo da corrente do cinismo

7. Uma grande quantidade de gente exige que eu os vista e dê víveres para eles. Assim devo atender ao apetite de tantos animais vorazes, comprar roupas, vigiar os mais rapaces e usar dos serviços de quem está sempre a chorar e a maldizer.

Oh! Quanto mais feliz quem nada deve a ninguém a não ser para quem for fácil negar, isto é, a própria pessoa! Já que não dispomos de tanta energia, convém limitar a extensão do patrimônio a fim de estar menos exposto às investidas perigosas da sorte.

Na guerra, mais afortunados são os corpos que se protegem com o escudo e a couraça do que aqueles cuja corpulência expõe-se aos golpes de todos os cantos.

Em relação ao dinheiro, o melhor critério consiste em não cair na pobreza nem dela afastar-se totalmente.

CAPÍTULO IX

Critério para o uso Moderado dos Favores dos Bens Materiais e Riqueza

1. Essa medida de contenção só nos agradará se, antes, for tomado gosto pela parcimônia sem a qual não há riqueza suficiente, já que a modéstia também se presta a desperdício. Como se trata de recurso ao nosso alcance, assumida que for a temperança, até a própria pobreza poderá converter-se em riqueza.

2. Aprendamos a ficar distante do luxo e a usar das coisas pela sua utilidade e não mensurá-las só pela beleza.

O alimento aplaque a fome e a bebida mitigue a sede, sendo assim o prazer reduzido ao necessário.

Aprendamos a nos apoiar em nossos próprios pés e pernas; a não sujeitar o comer e vestir-se às exigências da moda, mas sejamos ajustados às usanças de nossos antepassados.

Aprendamos a cultivar a continência; a coibir a luxúria; a temperar a sofreguidão da glória; a mitigar a ira, a olhar, com simpatia, a pobreza; a praticar a frugalidade embora dela muitos se envergonhem. Aspiremos a satisfazer os desejos naturais com recursos de pouco custo. Aprendamos a eliminar as expectativas licenciosas e a tensão pelo futuro. Vamos agir de modo que peçamos riqueza a nós mesmos e não à fortuna.

3. Não há como repelir tanta variedade de iníquos eventos enquanto nos assaltam tal como é impraticável livrar as naves das ondas da borrasca marítima.

Convém reduzir nossas atividades para que os dardos da fortuna caiam no espaço vazio. Daí vai resultar que os desterros e as calamidades viram expedientes sanativos e que tormentos pequenos curam outros de maior proporção.Quando o espírito é arredio para os preceitos e não pode ser sanado por remédios mais suaves, então não seria, talvez, para o bem dele que lhe fossem recomendadas a pobreza, a ignomínia e mesmo a perda de seus bens, já que um mal se opõe a outro mal?

Acostumemo-nos a cear sem convidados e a servir-nos de poucos criados e que as vestes sirvam aquele para quem foram cerzidas e residir em casa mais modesta. Não é só nas corridas e nos torneios de circo é também, na arena da vida, que precisamos não ir além das demarcações.

4. Mesmo os gastos com os estudos, embora sejam, por certo, os melhores pagos, só serão razoáveis desde que moderados.

Para que tantos livros e bibliotecas dos quais o dono, em toda sua vida, só lê os índices? Uma multidão de livros sobrecarrega, mas não instrui. Melhor seria dedicar-se a uns poucos autores do que vagar, a esmo, entre muitos.

5. Quarenta mil volumes foram queimados em Alexandria[28]. Outros há que exaltam aquele monumento da magnificência real como faz Tito Lívio que o denomina "Obra-prima" do gosto e do empenho dos reis.

Eu não vejo, ali, nem esplendor, nem gosto, nem solicitude e, sim, mera orgia de literatura porque tudo foi montado para puro espetáculo e não para fins de estudo. Tal como acontece com muitos que, embora desconhecendo as primeiras letras, fazem dos livros não instrumento de instrução, mas apenas decoração das salas de jantar.

Compremos os livros dos quais temos necessidade e não para ostentação.

(28) Isso ocorreu em 49 a.C. Aquela biblioteca era fruto do empenho cultural dos ptolomeus, descendentes de um general de Alexandre Magno.

6. Dirias: "É mais honesto gastar dinheiro com livros do que com vasos de Corinto e com quadros".

(Respondo): Sempre é vicioso o que for excessivo.

Qual o motivo desta tua complacência em relação a quem coleciona armários de tuia e de marfim; que adquire coleções completas de autores ignotos e até medíocres para findar com bocejos, no meio de tantos milhares de volumes, sendo que dos livros, ele apenas se compraz com a encadernação e os títulos?

Assim encontrarás, na residência dos mais ilustres, preciosas coleções, completas de relatórios e de historiadores, em estantes bem armadas até o teto. Hoje em dia, ao lado das piscinas nas termas, a biblioteca tornou-se ornamento obrigatório de qualquer residência de prestígio.

Eu até que perdoaria tal mania, se ela fosse oriunda de uma grande paixão pela cultura erudita, todavia mesmo as obras sacras, produtos dos insignes gênios da humanidade, instaladas em torno das estátuas de seus autores, tudo isso é adquirido só para adorno que decora as paredes.

CAPÍTULO X

Como Enfrentar a Infelicidade

1. Eis que, sem saber, caíste numa situação de vida difícil. A adversidade pública ou privada colocou um laço em teu pescoço. Não consegues nem afrouxá-lo nem rompê-lo de vez.

Lembra-te. Os prisioneiros, só, no começo, ficam aflitos com as algemas e grilhões. Com o tempo, quando eles resolvem a não mais se irritarem e decidem tudo suportar, então ficam resignados. É quando advém o hábito e tudo se torna fácil. Realmente, em qualquer situação da vida encontrarás distrações, descanso e prazer, desde que queiras avaliar como leves teus males, em vez de tê-los como insuportáveis.

2. Sabendo das tribulações para as quais nascemos, e nada para lhes granjear nosso reconhecimento, a natureza fez do hábito o abrandamento dos incômodos que, em pouco tempo, torna familiares os tormentos mesmo pesados.

Ninguém resistiria, se a força das coisas adversas prosseguisse tal como principia.

3. Estamos todos algemados ao destino[29]. Para alguns as algemas são de ouro e frouxas, para outros são apertadas e sórdidas. Que diferença isso faz?

(29) Este pensamento de Sêneca merece registrado no texto latino: *"Omnes cum fortuna capulati sumus."* Na concepção estoica de Sêneca, o destino ou a fortuna desempenha uma função diretiva paralela ao programa existencial de cada indivíduo. Sêneca insiste na tese segundo a qual a tranquilidade interior da alma e a felicidade na vida terrestre consistem em saber adaptar-se aos caprichos que o destino edita para cada um. Isso equivale a tirar partido das próprias contingências.

A mesma guarda cerceia a todos, quer os algemados, quer os que algemam, salvo se no teu parecer são mais folgados os ferros no pulso esquerdo[30].

A uns a honra e a outros a opulência prenderam. A uns a nobreza deprime, a outros a obscuridade. Alguns dobram a cabeça sob a tirania alheia, enquanto outros sob a própria. Alguns são retidos no mesmo lugar pelo exílio, a outros pelo sacerdócio. Enfim, a vida toda é servidão.

4. É necessário saber acomodar-se à sua condição; queixar-se dela o mínimo possível; captar tudo o que ela contém de favorável, já que nada é tão acerbo que uma alma de bom senso não depare, aí, algum conforto[31].

Com frequência, uma área pequena torna-se, pela arte do arquiteto, apta para muitos usos e um recanto apertado se faz habitável.

Aplica a razão às dificuldades. Então coisas ásperas abrandam-se, sendo que fardos carregados, de modo ajeitado, tornam-se leves[32].

5. Além de tudo, as nossas volúpias não devem ficar projetadas para espaço inacessível. Permitamos, sim, que despontem em nossa vizinhança, já que, de modo pleno, não são elas passíveis de clausura[33].

Deixando de lado, seja o que é impraticável, seja o que é em excesso difícil, cuidemos de fazer o que está à mão e corrobora nossas expectativas. Saibamos que todas elas são transitórias, ainda que exteriorizando diversidades, no íntimo, são mesmo voláteis.

Também não invejemos a sorte de quem está em posição privilegiada. Aquilo que parece altitude, na verdade, é boca de abismo[34].

(30) Sêneca se refere ao costume militar de ligar o braço direito do preso ao punho esquerdo do seu guarda.

(31) São os princípios práticos que Sêneca traça para cada um adaptar-se à vida. Percebe, aí, o leitor certo direcionamento para captar a fatalidade existencial. A filosofia estoica implica conformismo que contrasta com os acenos para a liberdade tão enaltecida por ela mesma. Aliás, logo mais, Sêneca vai editar: "Para superar as dificuldades, faça uso da razão." (*"Adhibe rationem difficultatibus."*).

(32) Esses conselhos de Sêneca merecem ser acatados sempre. A razão descobre não só como sair das dificuldades da vida como também trilhar por sendas ainda desconhecidas. O que não pode desfalecer é a força de ânimo ou como diríamos, hoje, entusiasmo pela vida e suas modalidades desde que iluminadas pelo valor máximo do bem honesto.

(33) Sêneca admite fazer uso prudente dos impulsos passionais. O que importa é o pleno domínio da razão sobre eles e suas manifestações.

(34) Ao ouvir essa advertência de um filósofo pagão, poder-se-ia aplicá-la a indivíduos que, seja na hierarquia profana, seja na religiosa, galgam pelos trâmites ascensionais até ocupar posto de destaque. Uma vez, ali, instalados sofrem o impacto de acusações de comportamento incompatível com a projeção do cargo que os distingue do comum dos mortais. Realmente, a altitude para eles é boca de precipício: *"Quae excelsa videbantur, praerupta sunt."* Diria o inglês: *"Where there appeared heights, there are precipices."*

6. Ao contrário, aqueles aos quais a sorte malévola colocou em lugar indesejável, ficarão mais seguros, coartando os arroubos de grandeza e assim conduzindo seu destino tanto quanto possível ao nível da normalidade.

Muitos são aqueles que devem se manter instalados no seu prestígio do qual só podem sair pela queda. Por essa mesma razão devem demonstrar que pesam sobre os outros não porque se deleitam em pairar na altitude e, sim, porque a isso são coagidos.

Por isso, por sua justiça, mansidão, senso humanitário, generosidade difusa, abasteçam suas forças para enfrentar as adversidades de destino, já que tal esperança lhe suaviza a insegurança.

Nada de melhor para proteger contra tais flutuações do espírito como colocar limites na ambição de crescimento como ainda não deixar ao sabor da fortuna que ela edite a última palavra.

Pode, sim, ocorrer que sejamos incitados por certa cupidez, mas serão impulsos controlados e nunca sem limites.

CAPÍTULO XI

As Virtudes do Sábio

1. Esta minha mensagem está sendo endereçada aos imperfeitos, aos medíocres e aos malsãos. Não é para o sábio. Este não precisa caminhar com timidez nem de modo vacilante, já que tem de si forte confiança e por isso não receia ir ao encontro do destino, ao qual não fará a mínima concessão[35].

E não há motivo para temê-lo, porque não só os escravos, as propriedades e as honrarias senão até mesmo o corpo, os olhos e as mãos com tudo o mais que torna a vida agradável como ainda a pessoa mesma, isso tudo está entre os bens precários. Ele tem consciência de ver a vida como algo recebido de empréstimo e por isso sujeito à devolução, sem queixa, quando reclamada[36].

2. Não perde a autoestima por saber que não é dono de si. Ao contrário, ele se conduz, em todas as coisas, com diligência tão apurada e com tal circunspeção como faria uma pessoa religiosa de consciência aprimorada que guarda quanto lhe for confiado[37].

3. Quando coagido a restituir, não me revolto contra o destino e

(35) Na concepção de Sêneca há um conflito permanente entre o destino ("Fortuna") com seus caprichos e o sábio que estrutura a própria vida sem lhe fazer concessões.

(36) Este pensamento de Sêneca raia pela perspectiva da concepção cristã da existência. Merece referido no original: "*Vivitque ut commodatus sibi et reposcentibus sine tristitia redditurus.*" Observe o leitor o termo "*commodatus*" ("emprestado"). Na área jurídica o "comodato" significa empréstimo gratuito de coisa não fungível que deve ser restituída no tempo convencionado.

(37) No original: "*tam circumspecte quam religiosus homo sanctusque solet tueri fidei commissa.*" Portanto, mesmo entre os pagãos, o indivíduo realmente honesto era tido como "religioso" e até como "santo".

digo: agradeço-te por tudo que possuí e utilizei. Teus bens eu os cultivei qual dom precioso, mas já que ordenas, cedo e entrego agradecido e de boa vontade[38].

De outro lado, se te apraz deixar algo a meu dispor, eu cuidarei disso.

Se decidires, diversamente, então eis minha prataria, meu dinheiro, minha residência e meus escravos. Devolvo-te tudo.

Se a natureza reclama suas dádivas, já que foi ela, por primeiro, a galardoar-nos, eu diria: "Retoma esta alma melhor do que quando a concedeste"[39]. Não tento evasivas nem subterfúgios. Acolha-a pronta e acabada de quem a recebeu. Leva-a[40].

4. Retornar para o lugar de onde a gente veio, que há de cruel nisso? Vive mal quem não sabe como morrer[41].

Eis porque, antes de tudo, devemos depurar esta realidade existencial do seu prestigio e situar a vida na categoria de coisa descartável[42].

Como dizia Cícero[43], somos hostis aos gladiadores, quando eles, a todo custo, querem prezar a vida, mas nós os aplaudimos, se eles demonstraram desprezo por ela.

Saibas que isso ocorre conosco. Muitas vezes, a causa de morte é bem o temor de morrer[44].

5. A senhora Fortuna (destino) faz de nós seu jogo de diversão. Ela diz: "Por que hei de preservar-te, animal ruim e danoso? Tu serás tanto mais ferido e acutilado quanto menos te expõe aos golpes. Terás tua vida prolongada e morte mais rápida, já que, ao invés de desviar a cabeça ou de cobrires com as mãos, aguardas o ferro com coragem".

6. Quem teme a morte, nunca agirá conforme sua dignidade. Aquele que tem consciência de estar sua sorte decidida, já desde a

---

(38) Fique evidente que, segundo a filosofia estoica, a resistência ao destino tem seus limites. Chega-se ao ponto em que convém fazer as pazes com seus decretos e não resistir.

(39) No original, esta última frase: "*Recipe animum meliorem quam dedisti.*" Em inglês: "*Take back the spirit that is better than when you gave it*".

(40) Hoje, em inglês, dizer-se-ia: "*away with it.*"

(41) No original, em latim: "*Male vivit quisquis nesciet bene mori.*" Em inglês: "*That man will live ill who will not know how to die well.*"

(42) Para nós, hoje, com nossos antecedentes filosóficos e teológicos, esta asserção de Sêneca é estranha. Ele reduz o espírito à matéria. Eis a frase em latim: "*Huic itaque primum rei pretium detrahendum est et spiritus inter vilia numerandus.*" Na língua inglesa: "*Therefore we must take from the value we set upon this thing, and the breath of life must be counted as a cheap matter.*" Levando em conta outras asserções de Sêneca fica evidente que essa ênfase à renúncia pela vida tem um efeito mais de retórica enquanto delineia aquela grandeza de alma que se sobrepõe a qualquer valor efêmero. Assim sendo, ele se refere à transitoriedade da existência que finda nas portas da vida futura, no céu, como ele mesmo afirma.

(43) Cícero, *Pro Milone*, 92.

(44) Seja no original: "*Saepe enim causa moriendi est timide mori.*" Em inglês: "*For often cause of death is the fear of dying.*"

época de sua concepção, viverá em conformidade com tal projeto e, ao mesmo tempo, irá cortejá-lo, com pleno vigor de alma, ficando assim precavido contra qualquer eventualidade em curso.

Considerando tudo que é possível de advir como sendo de real ocorrência, o impacto dos males já fica amortecido porque se mitiga a ocorrência de qualquer incômodo para quem está prevenido. De fato, para quem vive na expectativa, nada traz de novo. Somente é pesada para quem vive descuidado e só aguardando eventos felizes.

7. Eis a enfermidade, a escravidão, a ruína e o incêndio. Nada disso é inesperado. Eu já sabia da conjuntura de tumulto e de prevaricação, onde a natureza me enclausurou.

Quantas vezes ouvi, em minha vizinhança, vozes de lamentos(45), quantas vezes vi passar à frente de minha porta archotes e tochas que abrem os cortejos de funerais precoces(46); frequentemente, ecoa, do meu lado, o fragor de um edifício que desmorona; muitos daqueles com os quais me encontrei, no Fórum, na Cúria ou nos encontros informais, foram arrebatados durante a noite; enfim, quantas mãos solidárias foram separadas.

Não há então porque admirar, se vez por outra, eu seja envolvido por perigos que, de contínuo, circundam-me.

8. A maioria dos homens, no começo da navegação, não pensa em tempestade(47).

Nunca me envergonharei de citar uma sentença boa, embora proferida por autor ímprobo(48). Publíbio que superava pelo vigor os demais poetas trágicos e cômicos, ao deixar de lado os gracejos chulos e palavras vulgares para a plateia, no meio de tantos outros versos, com mais elevação de mensagem, disse: "Aquilo que pode ferir um, pode ferir todos os outros(49)."

Se essa sentença for avaliada no seu significado pleno, ao considerar essa avalancha enorme de males, embora livre deles, mas tam-

(45) Junto ao leito fúnebre, as carpideiras entoavam a "*conclamatio funebris.*"

(46) O ritual das tochas e dos archotes assinalava funeral de criança. Era uma advertência no sentido de incutir a perspectiva para a vida futura. A criança, com morte prematura, recebia as luzes que descortinavam as trilhas do porvir no além.

(47) Em latim, no original: "*Magna pars hominum est, quae navigatura de tempestate non cogitat.*"

(48) Ver, Sêneca, *Ad Marciam*, 9.5.

(49) Em latim: "*Cuivis potest accidere quod cuiquam potest.*" Em inglês: "*Whatever can one man befall can happen just as well to all.*"

bém sujeito aos mesmos, então com antecedência, previna-se[50], já que não sobra tempo, quando o mal se abate.

9. "Jamais pensei que tal viesse a ocorrer. Nunca imaginava que isso aconteceria."

E por que não?

Aliás, onde está riqueza que a miséria, a fome e a mendicidade não alcançam? Onde está a dignidade com sua pretexta, com o bastão augural e o calçado elegante que não seja acompanhada de acusações sórdidas, de críticas severas e mil outras infâmias além do desprezo amargurante pela turba? Onde está o reinado para o qual não estão armadas ruínas, degradação, rivalidades e verdugos? Não é necessário longo intervalo de distanciamento, mas poucas horas bastam para o trânsito do trono até os pés do dominador[51].

10. Convença-te. Toda situação é mutável. O que sobrevém a um pode ocorrer também para ti.

És rico? Por ventura serias mais rico do que Pompeo[52]?

A esse parente longínquo Gaio acolheu na casa de César como hóspede com o intuito de trancar-lhe a própria residência. Eis que, ali, faltou pão e água. Bem ele, que possuía incontáveis rios com nascentes em seus domínios, mendigava as goteiras de chuva. Assim morreu de fome e sede no palácio do parente. Enquanto o herdeiro o esfomeava, eram-lhe preparadas exéquias solenes.

11. Tu que exercestes funções de sumo prestígio, foram elas, por ventura, tão grandiosas ou tão inesperadas ou tão extensas quantas as de Sejano? No mesmo dia em que o Senado lhe serviu de escolta, o povo o esquartejou[53]. Dele, a quem os deuses e os homens tinham acumulado de quanto se pode arrecadar, nada sobrou para o verdugo tirar proveito.

---

(50) Sêneca, *Ad Marciam*, 9.5 escreve: "*Aufert vim praesentibus malis qui future prospexit.*": "Quem olha longe já tira o peso dos males presentes."

(51) Seja esta frase final no latim de Sêneca: "*Nec magnis ista intervallis divisa, sed horae momentum interest inter solium et aliena genua.*"

(52) Talvez seja um parente de Calígula. O Imperador o submete à espoliação de seus bens, deixando-o perecer de fome.

(53) Sejano foi ministro e protegido do Imperador Tibério. Tentou encabeçar uma rebelião para apossar-se do trono, mas preso, foi executado pelo povo.

12. És rei? Oxalá não sejas como Creso[54]. Ele, vivo, viu incandescer-se e extinguir-se a pira, sendo supérstite não só do reino, mas até da morte mesma.

Não te remeto também a Jugurta[55]. A ele o povo romano temia, mas o contemplou cativo no mesmo ano.

Não vimos Ptolomeu[56], rei da África, e Mitrídates[57], rei da Armênia, detidos pelas guardas Gaianas[58]? Um deles teve de partir para o exílio enquanto o outro optou pelo melhor dos destinos[59].

Em meio a todo esse subir e descer, se não tiveres consciência do que o futuro te reserva, darás forças para as correntes adversas a ti, sendo que poderias desarmá-las, se fores tu a contemplar a chegada delas[60].

(54) Creso foi o último rei da Lídia (séc. VI a.C.). Findou derrotado por Ciro. Segundo Heródato, condenado à fogueira, Ciro, seu vencedor, arrependeu-se e ordenou que o soltassem.

(55) Jugurta, rei da Numídia (séc. II a.C.), figurou como prisioneiro no cortejo triunfal de Caio Mario.

(56) Ptolomeo, rei da Mauritânia, levado para Roma, ali, foi executado (ver, *Suetônio, Calig.*, 35)

(57) Mitrídates, levado a Roma com Ptolomeo, recebeu favores imperiais, mas, logo, caiu na desgraça, sendo exilado. Posteriormente, recuperou seu trono.

(58) Guardas Gaianas designa os guardas de Calígula.

(59) Há momentos em que o tradutor se defronta, com dificuldade, para transpor o sentido do texto latino para o atual modo de falar. Seja exemplo deste lance: "*Alter ut meliore fide mitteretur, optabat.*" Em inglês, dir-se-ia: "*The other was anxious to be sent there in better faith!*" Aqui, a "melhor crença" estaria designando a morte, já que ele foi executado.

(60) Este pensamento de Sêneca enfoca, com precisão, um dos princípios básicos da filosofia estoica: ser previdente e nunca se deixar pegar de surpresa. Seja o texto no original: "*In tanta rerum sursum ac deorsum euntium versartione si non quicquid fieri potest pro futuro habes, das in te vires rebus adversis, quas infregit quisquis prior vidit.*" Em inglês, dir-se-ia: "*In view of this great mutability of fortune, that moves now upward, now downward, unless you consider that whatever can happen is likely to happen to you, you surrender yourself into the power of adversity, wich any man can crush if he sees her first.*"

CAPÍTULO XII

Evitar Agitação Fútil

1. Em decorrência disso, não devemos empatar esforço em coisas supérfluas nem de modo fútil, ou seja, não almejar o que não se pode alcançar nem, uma vez satisfeitas nossas aspirações, descobrir, tardiamente, a vaidade das apetências.

Vale dizer. De um lado, nada de esforço estéril e sem resultado, de outro lado, nada de efeito não adequado ao trabalho. Geralmente, daí advém a tristeza, seja por causa do fracasso, seja pelo resultado vergonhoso.

2. É preciso limitar as andanças sem destino para as quais se entregam aqueles que vagueiam de casa em casa, pelos teatros e mercados, intrometendo-se em negócios dos outros, com ar de quem está sempre atarefado.

Perguntado ao sair da casa: "Para onde vais? Qual teu destino?" Ele responderá: "Por Hércules, sei lá eu! Em todo caso, vou ver gente e farei alguma coisa!"

3. Eles divagam sem objetivo, buscando alguma ocupação. Não executam o que tinham proposto, mas o que se lhes defronta. Aquele vagar ao léu e sem resultado é igual à formiga que sobe e desce pela casca das árvores, indo até o ponto mais alto e voltando para a base do tronco sem nada produzir.

Muitos conduzem do modo semelhante a vida. Alguém diria, com precisão, que isso equivale a uma preguiça agitada.

4. Terias até compaixão de alguns porque correm como de um incêndio, atropelando transeuntes e derrubando outros. Para onde se dirigem? Vão saudar alguém que não lhes responderá ao cumprimento ou acompanhar o enterro de algum desconhecido ou assistir à solenidade de qualquer especialista em novas núpcias ou escoltar uma liteira que, por vezes, eles mesmos carregam.

Quando, depois de tudo isso, retornam exaustos para casa, juram não terem sabido a razão pela qual deixaram o lar nem para onde deveriam ter ido. No dia seguinte, eis que vagam pelos mesmos descaminhos!

5. Todo esforço objetiva uma finalidade, adequando-se a algum resultado.

O que motiva os inquietos não é uma atividade válida e, sim, mera fantasia. Eles, por certo, não se ativariam sem alguma expectativa. Por isso são aliciados pela aparência das coisas cuja invalidade a mente viciada não discerne.

6. De igual modo acontece com aqueles que andam, por aí, apenas para engrossar a multidão, atraídos de cá e de lá por coisas banais. Nada tendo por fazer, saídos de casa assim que o sol desponta, depois de terem, em vão, batido à porta e saudado, sem resposta, aos escravos-porteiros, são bem eles os menos encontrados em suas próprias residências.

7. A esse mal vem juntar-se outro vício execrando: aquele de informar-se de tudo, de estar captando todas as novidades tanto privadas como públicas, de acumular informações perigosas, seja de propalar, seja até de ouvir.

CAPÍTULO XIII

Nada de Imprevisto Ocorre ao Sábio

1. Penso que Demócrito professa esta doutrina quando diz: "Quem quiser viver com a alma tranquila não fomente muitas ocupações, nem particulares nem públicas."

Ele se refere a ocupações fúteis. Desde que sejam necessárias, devemos tanto as particulares quanto as públicas, não só tê-las e muitas, mas até incontáveis. Ao invés, quando nenhum dever superior obriga, devemos restringir as atividades.

2. Quem se ocupa de muitas coisas, corre o risco de cair nas malhas do destino. O certo mesmo é provocá-lo o menos possível. Ao invés, pensar sempre nele, sem fiar-se totalmente na sua fidelidade. Assim: "viajarei, se nenhum imprevisto obstar a viagem; chegarei a ser pretor, se nada de contrário ocorrer; aquele negócio sairá bem, caso não intervenha qualquer obstáculo."

3. Por isso dizemos que nada advém para o sábio contra sua expectativa. Não o livramos dos azares da vida e, sim, dos erros. Assim, se tudo não acontece como desejou, ao menos, não fugiu de sua previsão.

O que se prevê é que há algo sempre por advir para obstaculizar a execução de nossos planos.

Evidente que o pesar causado por uma decepção é bem menor, quando o sucesso não foi garantido com antecipação e segurança plena[61].

(61) No texto original: *"Necesse est autem levius ad animum pervenire destitutae cupiditatis dolorem, cui successum non utique promiseris."* Seja em inglês: *"Then, too, the suffering that comes to the mind from the abandonment of desire must necessarily be much lighter if you have not certainly promissed it success."* Na língua espanhola de nossos vizinhos: *"Es forzoso que en el ánimo de quien no se prometió seguridad alguna del éxito entre más, templadamente, el dolor del fracaso."*

CAPÍTULO XIV

Não Conflitar com as Circunstâncias

1. Devemos também ter flexibilidade e não nos entregarmos, com demasiada rigidez, às nossas decisões de modo a ser exequível transitar para aquilo que a sorte faz aparecer. Sem temor de mudanças nos projetos e nas situações, sejamos atentos para não cair na versatilidade, já que este defeito prejudica a nossa quietude. Com efeito, a obstinação é perturbadora e deplorável porque dela, a sorte, com frequência, furta alguma coisa. Por sua vez, a versatilidade é pior porque nunca se fixa em coisa nenhuma.

Esses dois defeitos são nocivos para a tranquilidade porque, de um lado, opõe-se à mudança e, de outro lado, nada tolera.

2. Por isso o espírito tem de ficar apartado de todas as exterioridades. Confie em si. Alegre-se de si. Assuma o que é seu. Ausente-se tanto quanto possível dos estranhos. Volte-se, inteiramente, para dentro de si mesmo. Não se sensibilize com prejuízos materiais. Enfim, saiba interpretar, com jeito, as adversidades[62].

62) Esses preceitos, na língua de Sêneca: "*Utique animus ab omnibus externis in se revocandus est. Sibi confidat, se gaudeat, sua suspiciat, recedat quantum potest ab alienis et se sibi adplicet, damna non sentiat, etiam adversa benigne interpretetur.*" O mesmo lance, na língua inglesa: "*Most of all, the mind must be withdrawn from external interests into itself. Let it have confidence in itself, rejoice in itself, let it admire its own things, let it retire as far as possible from the things of others and devote itself to itself, let it not feel losses, let it interpret kindly even adversities.*" Agora, no linguajar de nossos vizinhos que falam castelhano: "*Así que hay que reclamar el espiritu de todos sus aficiones externas, confie de si, gócese consigo, estime lo suyo, apártese cuanto pueda de lo ajeno, aplíquese a si mismo, hágase insensible a los danos, interprete benignamente aun los hechos adversos.* "

3. Ao ser informado do naufrágio em que todos seus bens tinham perecido, o nosso Zenão exclamou: "A fortuna está ordenando que eu me dedique, mais desembaraçado, à filosofia."

O filósofo Teodoro(63) era ameaçado de morte por um tirano, com o agravante de não ser sepultado.

Ele respondeu: "Podes dar-te este prazer, já que em tuas mãos está a medida do meu sangue. Quanto à sepultura, erras, loucamente, quando pensas afligir-me, se vou apodrecer em cima ou debaixo da terra."

4. Júlio Cano(64), indivíduo eximiamente nobre, cuja glória não desvanece pelo fato de ter nascido no presente século, travou uma longa discussão com Caio Calígula. Quando estava por retirar-se, disse-lhe o novo Fálaris(65): "Para que não te iludas, com vã e estúpida esperança, saibas que ordenei que te levassem à execução."

Ele replicou: "Eu te agradeço, ótimo príncipe."

5. Ignoro o que ele quisera dizer porque suas palavras ensejam muitas interpretações. Talvez quisesse afrontar o príncipe, mostrando-lhe quão grande era sua crueldade, já que depois dela a morte era um benefício? Ou queria censurar-lhe a loucura de todos os dias, quando coagia a agradecerem-lhe aqueles súditos cujos filhos trucidara assim como aqueles dos quais confiscara as heranças?

Ou, enfim, via na morte uma libertação que ele acolhia de bom grado? Seja qual for a resposta, ela procede de uma alma nobre.

6. Dir-se-ia: Caio Calígula podia, depois disso, ordenar que o deixassem viver. Cano não tinha tal pressentimento. Sabia que Calígula manteria a palavra dada. Crês tu que os dez dias que antecederam seu suplício, Cano os viveu sem quietude? Foge da imaginação o que aquele homem disse, o que fez e a tranquilidade que manteve.

7. Estava ele a divertir-se, jogando xadrez(66), quando o centurião, que conduzia um grupo de condenados, ordenou que também ele os acompanhasse. Ao ser chamado, Cano contou os pontos já con-

(63) Teodoro de Cirene era do tempo de Sócrates. O tirano que o perseguia era Lisímaco, ex-general de Alexandre Magno e depois rei da Trácia.

(64) Júlio Cano, personagem ignoto.

(65) Fálaris: conhecido tirano de Agrigento (Cecília), famoso pela sua crueldade.

(66) Era uma espécie de jogo de damas, chamado "jogo dos soldadinhos".

quistados e disse ao companheiro: "Cuidado! Depois de minha morte, não digas que ganhastes!" A seguir, fazendo um sinal ao centurião, disse: "És minha testemunha. Eu tenho um ponto à frente dele."

Pensas tu que Cano se referia ao jogo? Ele zombava de seu carrasco!

8. Seus amigos estavam amargurados com a perda de tal companheiro. Então ele lhes disse: "Por que estais assim tristes? Vos perguntais se a alma é imortal. Eu irei saber, agora mesmo."

Assim, até o último momento, não cessou de inquirir a verdade, fazendo da própria morte a resposta ao questionamento.

9. Estava acompanhado de seu filósofo(67). Quando se aproximaram do túmulo, onde, todos os dias, ofereciam sacrifícios a César, nosso deus, o filósofo pergunta a Cano: "Em que pensas, agora, Cano? Qual a ideia que te preocupa?" Ele responde: "Estou pronto para constatar se, naquele instante rapidíssimo da morte, a alma percebe que ela está saindo."

Prometeu que, se algo, de novo, descobrisse, retornaria a fim de relatar aos amigos como era a situação das almas separadas do corpo.

10. Eis o que é tranquilidade em meio à tempestade. Eis uma alma digna da eternidade que faz da própria morte uma prova da verdade. Eis quem chega àquele transe derradeiro e interroga a alma que está prestes a deixar o corpo, não só aprendendo até o momento de morrer, mas ainda recebendo instrução da mesma morte. Ninguém filosofou por tanto tempo. Não haveremos de esquecer essa figura excelsa de homem do qual falamos comovidos de veneração.

Sim, haveremos de louvar teu nome pelas gerações futuras. Tu, vítima ilustre, patrimônio imortal em meio à matança promovida por Calígula(68).

---

(67) Os grandes personagens tinham ao seu lado um conselheiro denominado filósofo, uma espécie de diretor espiritual, principalmente, nas horas mais angustiosas da vida.

(68) Eis um lance imortal da literatura e mesmo da filosofia. Merece ser registrado na língua original: *"Ecce in media tempestate tranquilitas, ecce animus aeternitate dignus, qui fatum suum in argumentum veri vocat, qui in ultimo illo gradu positus exeuntem animam percontatur nec usque ad mortem tantum sed aliquid etiam ex ipsa morte discit. Nemo diutius philosophatus est. Non raptim relinquetur magnus vir et eum cura dicendus. Dabimus te in omnem memoriam, clarissimum caput, Gaianae cladis magna portio."* Em inglês: *"Here is tranquility in the very midst of the storm, here is a mind worthy of immortality, a spirit that summons its owne fate to the proof of truth, that, in the very act of taking that one last step, questions the departing soul, and learns, not merely up to the point of death, but seeks to learn something even from death itself. No one has ever played the philosopher longer. No hastly shall so great a man be abandoned, and he must be spoken of with respect. The most glorious soul, chief victim of the murders of Gaius, to the memory of all time will I consign thee! "*

CAPÍTULO XV

O Clima Generalizado de Corrupção

1. De nada adianta eliminar as causas do mal-estar individual, já que, por vezes, irrompe, em nós aborrecimento pelo gênero humano, quando se percebe quão rara é a simplicidade, quão ignota a inocência e como quase nunca, salvo quando há algum interesse, vige a fidelidade. Assim ocorre o tropel de tanta maldade interesseira em torno de lucros e danos acionados pela cupidez atrelada à ambição maldosa que extrapola seus limites estuantes de baixaria.

Então a alma penetra na escuridão porque, ante a falência das virtudes das quais nada mais espera, já que não as possui, só lhe resta adentrar na penumbra(69).

2. Diante disso somos inclinados a considerar não como odiosos e, sim, como ridículos todos os vícios e a imitar antes Demócrito que a Heráclito. Este sempre que aparecia, em público, chorava. Aquele ria. Para este, tudo o que fazemos é pura miséria. Para aquele, inépcia.

Adotemos um modelo leve de encarar a realidade e suportemos tudo com bom humor(70). Fica mais adequado à natureza humana rir que lamentar a vida(71).

---

(69) Esta visão da alma tétrica da humanidade voltada para o crime merece ser registrada no original latino: *"Agitur animus in noctem et velut eversis virtutibus, quas nec sperare licet nec habere prodest, tenebrae oboriuntur."* Seja em inglês: *"The mind is plunget into night, and as though the virtues, which it is now neither possible to expect nor profitable to posses, had been overthrown, there comes overwhelming gloom."*

(70) Em latim: *"Elevanda ergo omnia et facili animo ferenda."* Em inglês: *"And so we ought to adopt a lighter view of things, and put up with them in an indulgent spirit."*

(71) Em latim: *"Humanius est deridere vitam quam deplorare."* Em inglês: *"It is more human to laugh at life than to lament over it."*

3. Acrescentemos que presta melhor serviço ao gênero humano quem dele ri do que quem o deplora.

Com efeito, aquele deixa um fio de esperança para o melhor; esse porém, estupidamente, perturba-se com males cuja correção já não é factível.

Enfim, quem vê o conjunto da realidade humana, demonstra ter mais grandeza de alma, não contendo o riso do que quem não retém as lagrimas.

Apenas se deixa levar por uma leve emoção, já que nada apresenta de grandioso, nem de sério, nem mesmo digno de lástima toda essa tragédia de aparências falsárias.

4. Quem atenta para os motivos de cada uma de suas alegrias e tristezas, vai entender o alcance real do que Bion dizia: "Todos os assuntos dos homens são semelhantes aos seus primórdios porque toda sua vida não é mais respeitável nem mais séria do que sua concepção que surge do nada e retorna ao nada"(72).

5. O certo mesmo é acatar, pacificamente, os costumes públicos e os vícios dos homens sem se deixar levar ao deboche nem às lagrimas, já que atormentar-se com os males alheios é descambar para a infelicidade sem fim, mas, de outro lado, fazer deles motivo de gozação seria atitude desumana.

6. Eis então que é inútil compaixão chorar porque o vizinho sepulta o filho ou então ficar entristecido.

Igualmente, em face de nossos próprios males, jamais devemos fazer concessão à dor a não ser o mínimo que a natureza pede, sem atender ao que os costumes cobram. De fato, muitos derramam lágrimas por pura ostentação, já que seus olhos secam, quando ninguém se volta para eles. Em todo caso, julgam descortesia não chorar, quando todo mundo chora. Arraiga-se neles de modo tal esse costume de reger-se pelo parecer alheio que até a própria dor, com toda a sua espontaneidade, tornar-se objeto de fingimento social.

(72) Percebe o leitor que Sêneca, vez por outra, tropeça no plano da coerência. Evidente que esta assertiva da Bion contrasta com a perspectiva que Sêneca projeta da imortalidade da alma e da vida futura junto aos deuses.

CAPÍTULO XVI

Como Enfrentar os Caprichos do Destino

1. Cabe apreciar aquela categoria de casos que não sem motivo entristecem e impulsionam para a desolação, quando homens de bem são levados para fins desastrosos. Assim, Sócrates constrangido a morrer encarcerado; Rutilo a viver no exílio; Pompeu e Cícero a entregarem o pescoço a seus clientes; e Catão, a imagem viva das virtudes, cai sobre sua espada para testemunhar que o fim chegara para ele e também para o próprio Estado, no mesmo momento.

Eis porque é necessário lamentar a maldosa premiação com que a fortuna paga aos homens de mérito.

Que então esperar para si mesmo, quando os melhores sofrem calamidades horríveis?

2. Que fazer diante de tudo isso?

Observa como cada um deles suportou o sofrimento, assumindo atitude de coragem. Oxalá aspires ter igual firmeza de espírito.

Se foram fracos e covardes perante a morte, nada se perdeu. Eles ou são dignos de terem sua virtude qual modelo ou indignos de serem descriminados da própria covardia. De fato, que há de mais vergonhoso que varões insignes, ao morrerem, com coragem, tornassem os outros covardes?

3. Louvemos então os merecedores de aplausos, dizendo: “Quanto mais forte, mais feliz. Escapastes de todos os azares seja da inveja, seja da enfermidade. Saístes do cárcere. Não agradou aos deuses, que fosses digno da malévola fortuna, mas, sim, que ficasses a salvo dela”.

Ao invés, a quantos querem furtar-se dela e dos umbrais da morte escapam, exalando vida, que sejam compelidos, com violência, para seu carrasco.

4. Eu não choro nem por quem se alegra nem por quem se lamenta porque o primeiro enxuga minhas lágrimas e o segundo, com seu choro, torna-se indigno de lágrimas.

Eu vou chorar, sim, por Hércules queimado vivo; por Régulo crivado de dardos; por Catão que desferiu os próprios golpes.

Todos esses, pelo sacrifício de uma parte mínima da própria existência, agiram de modo a tornarem-se eternos e a morte foi para eles a entrada para a imortalidade(73).

(73) Em latim: *"Omnes isti levi temporis impensa invenerunt, quomodo aeterni fierent, et ad immortalitatem moriendo venerunt."* Em inglês: *"All these by a slight sacrifice of time found out how they might become eternal, and by dying reached immortality."*

CAPÍTULO XVII

A Prática da Autenticidade que se Opõe à Falsa Imagem de Si

1. Também ocasiona não pequena fonte de ansiedade o fato de alguém estar propenso a tomar atitudes que não revelam aos outros o que cada um realmente é. Assim a vida de muitos fica falsária porque se enfeita só para fins de ostentação.

Atormenta aquela constante vigilância de fora porque se teme ser surpreendido num papel diverso daquele que é costumeiro.

Esta preocupação nunca se desfaz, já que cada olhar que examina é também questionador.

De fato, muitas circunstâncias ocorrem que, contrariando a vontade, findam por desnudar, por maior que seja o empenho de simulação. Eis porque a existência de quem vive atrás da máscara não é feliz, pois não está isenta de perplexidades[74].

2. Ao invés, quanto de deleite proporciona a pura e autêntica simplicidade alheia aos artifícios. Ela nada esconde no seu modo de agir[75].

Verdade que tal tipo de vida também enfrenta o risco do desdém. Ao ficar por inteira franqueada a todos, não vai faltar quem menospreza tudo quanto se lhe descortina. Aliás, não existe o menor risco, se afastada da observação, que a virtude perca seu valor. É preferível

(74) Em latim: *"Non tamen iucunda vita aut secura est semper sub persona viventium."* Em inglês: *"Yet the life of those who live under a mask connot be happy and without anxiety."*

(75) Em latim: *"At illa quantum habet voluptatis sincera et per se inornata simplicitas, nihil obtendens moribus suis."* Em inglês: *"But how much pleasure there is in simplicity that is pure, in itself unadorned, and veils no part of its character."*

ser menosprezado por causa da integridade do que arcar com o suplício de uma dissimulação infinda(76). Mesmo assim, que não haja nada em excesso, porque há muita diferença entre viver de modo simples e viver de modo relaxado(77).

(76) Em latim: "*Sed nec virtuti periculum est, ne admota oculis revilescat, et satius est simplicitate contemni quam perpetua simulatione torqueri.*" Em inglês: "*But neither does virtue run any risk of being despised when she is brought close to the eyes, and it is better to be scorned by reason of simplicity than tortured by perpetual pretence.*"

(77) Em latim: "*Modum tamen rei adhibeanus, multum interest, simpliciter vivas an negligenter.*" Em inglês: "*Yet we should employ moderation in the matter; there is much difference between living naturally and living carelessly.*"

CAPÍTULO XVIII

Alternar Recolhimento e Vida Social

É necessário e muito o recolhimento para dentro de si mesmo. A comunicação com gente de outro nível perturba nosso equilíbrio, renova paixões e excita debilidades latentes e tudo quanto não está bem curado.

Eis que devem ser mescladas essas duas coisas, a saber, solidão e sociabilidade, mas com alternância entre elas. Esta desperta o desejo de vida com os outros. Aquela, conosco mesmos. Assim uma é medicina da outra. A solidão cura o horror à turba e esta sana o tédio daquela[78].

(78) Em latim: "*Odium turbae sanabit solitudine, taedium solitudinis turba.*" Em inglês: "*Solitude will cure our aversion to the throng, the throng our weariness of solitude.*"

CAPÍTULO XIX

Alternância Entre o Trabalho e Distração

1. Não se mantenha o espírito sempre na mesma tenção, mas deve ser direcionado para entretenimento. Sócrates não se envergonhava de divertir-se, jogando entre crianças pequenas. Catão relaxava o espírito, bebendo vinho, quando se sentia fatigado das responsabilidades políticas. Cipião exercitava seu físico de triunfador e de guerreiro no ritmo da dança. Não com esses trejeitos afeminados que, hoje, estão na moda, que imprimem movimento e languidez mulheris, mas tal como aqueles antigos varões que, nos jogos e nas festas, dançavam, varonilmente, sem perda de seu prestígio ainda que sob a vista de seus próprios inimigos.

2. É necessário dar ao espírito algum relaxe. Repousando, ele se ativa mais lesto e disposto para ação[79].

Assim como dos campos férteis não se pode cobrar em demasia – pois a fertilidade sempre em ação finda estéril – assim também o esforço ininterrupto afrouxa o tesão do espírito que, só depois de refeito no repouso e na distração, recupera sua energia. Quando o esforço é por demais prolongado, ele descarrega na mente uma espécie de enfraquecimento lânguido.

3. Aliás, certos indivíduos não se inclinariam tanto para passatempos e jogos, se daí não tirassem algum prazer espontâneo

(79) Em latim: "*Danda est animis remissio; meliores acrioresque requieti surgent.*" Em inglês: "*The mind must be given relaxation; it will arise better and keener after resting.*"

cujo desfrutamento, se for muito repetido, absorve do espírito toda elasticidade e força.

Necessário, sim, sono para recompor as forças, mas, continuado, dia e noite, leva à morte. São coisas bem diversas: o afrouxamento e o desligamento.

4. Os legisladores instituíram os dias festivos, quando os cidadãos se reúnem para divertimentos coletivos. Isso porque julgavam necessário alternar o ritmo do trabalho com interrupção recuperadora.

Assim, como já disse, indivíduos insignes intercalavam ainda outros dias de férias. Outros, enfim, alternavam um dia de pausa com outro de atividade.

Lembro ainda o grande orador Polião Anísio que de nada se ocupava após as quatro horas da tarde. Depois daquela hora, ele nem sequer lia as cartas porque assim evitava qualquer nova preocupação. Assim, naquelas duas horas, recupera-se de todas as fadigas do dia. Outros, interrompiam as atividades, ao meio dia; reservando toda a tarde para tarefas mais amenas.

Aliás, nossos antigos proibiam que, depois das quatro horas, houvesse sessão no Senado.

Os militares dividem entre eles o horário de vigilância. Aqueles que retornam da expedição, ficam, à noite, liberados.

CAPÍTULO XX

A Função da Bebida como Antiestresse

1. Convém indulgência para o espírito. Assim, de quando em quando, devemos conceder-lhe algum repouso que age sobre ele qual alimento restaurador. Os passeios devem ocorrer em paragens abertas a fim de que o espírito fique estimulado com o ar puro.

De vez em quando, um passeio de carruagem, uma viagem com mudança de espaço. Isso traz vigor novo.

Também uma refeição alegre e uma bebida mais copiosa. Por vezes, pode até tocar as raias da embriaguez, não a ponto de submergir nela, mas, apenas, a ponto de descontrair, já que ela dissolve as inquietações, mexe até na raiz de nosso ânimo, curando de certas tristezas como também até enfermidades. "Líber"[80] foi denominado o inventor do vinho não por causa da liberdade que comunica à língua e, sim, porque libera o espírito da escravidão dos afazeres e fortalece, dando-lhe mais vigor e audácia para novos projetos.

2. Tal como para a liberdade assim também para o vinho é saudável a temperança. É crença geral que Sólon[81] e Arcesilau[82] eram dados ao uso do vinho. A Catão[83] censuravam a embriaguez. Seja quem for que o criticava, é mais fácil tornar o vício honesto do que vexar a dignidade de Catão.

(80) Líber: um dos títulos de Baco, o deus do vinho.

(81) Sólon: legislador grego do séc. IV a.C.

(82) Arcesilau, filósofo platonista, incentivador do probabilismo em questão de verdade.

(83) A embriaguez de Catão é registrada em Plutarco (*Catão, o moço*; IV).

Melhor não referir, com frequência, esse caso para que não suceda que o indivíduo tome maus costumes. Em todo caso, de quando em vez, é necessário afrouxar as rédeas, liberando a alegria e a liberdade, com interrupção leve da moderação na área da temperança.

3. A dar crédito ao poeta grego: "É doçura, às vezes, perder o senso". Também Platão dizia: "Em vão bate à porta das Musas quem está de sangue frio". E mesmo Aristóteles: "Não há gênio algum grandioso sem alguma mescla de loucura, pois só um espírito acicatado atreve-se a dizer certas coisas inéditas".

4. Realmente, o espírito, quando desdenha a vulgaridade do costumeiro e alça-se até a celsitude com o entusiasmo sacro que o anima e arrebata, somente então é que ele profere palavras divinas com boca de mortal.

O sublime fica inatingível, enquanto o espírito está atrelado a si mesmo. Necessário que se afaste do corriqueiro e do usual. Liberte-se e, mordendo o freio, arrebate consigo o cavaleiro, que é levado às alturas, onde jamais chegaria só por si mesmo(84).

(84) Em latim: *"Non potest sublime quicquam et in arduo positum contigere, quam diu apud se est; desciscat oportet a solito et efferatur et mordeat frenos et rectorem rapiat suum eoque ferat, quo per se timuisset escendere"*.
Em inglês: *"So long as it is left to itself, it is impossible for it to reach any sublime and difficult height; it must forsake the common track and be driven to frenzy and champ the bit and run away with its rider and rush to a height that it would have feared to climb by itself"*.
Em espanhol: *"No puede el alma alcanzar ninguna sublimidad ni altura difícil, mientras estuviere en poder de si misma; es menester que se aparte de lo acostumbrado y que se levante y que tasque el freno y arrebate consigo al jinete y le lleve hasta donde ella sola hubiera temido remontarse"*.

CONCLUSÃO

Aqui tens, caríssimo Sereno, os recursos com que podes conquistar a tranquilidade. Com eles podes recuperá-la, já que tens como resistir aos vícios, quando irrompem dentro da alma. Todavia, saibas que nenhum destes meios é suficientemente forte para preservar um bem tão frágil senão acorrerem uma vigilância intensa e um cuidado assíduo para assessorar um ânimo lúbrico.

Impressão e Acabamento:
Gráfica Oceano